삼천배의 정성
삼천 부처님의 가피

삼천배 삼천부처님
三千拜 三千佛

無一 우학 스님 편저

도서출판 좋은인연

『삼천배 삼천부처님』을 내면서

요즘 들어 삼천배 수행을 하시는 불자佛子들이 무척 많아졌습니다. 너무 아름답고 거룩한 공덕행功德行입니다. 오체투지五體投地의 정례頂禮를 올리며, 부처님 명호名號를 부르는 일은 곧 성불成佛의 길입니다.

청정한 행, 청정한 입, 청정한 마음!

삼천배 수행을 독려하신 성철 큰스님이 그립습니다.

나무서가모니불

대한불교조계종 한국불교대학 大관음사
회주 無一 우학 합장

참고 문헌

- 고려대장경(高麗大藏經) 제12권 | 동국대학교역경원(1992)
- 대정신수대장경(大正新脩大藏經) 제14권 경집부(經集部)
  ①-대정신수대장경 간행회(1991)
- 팔만대장경(八萬大藏經) 해제 제5권 | 사회과학출판사(1992)

추가해서 드리는 말씀

대장경의 원문을 편집하여 그대로 실었습니다만, 특별히 불(佛)을 부처님으로 바꾸었습니다. 우리 정서에 맞을성 싶고 신심(信心)을 일으키는데도 좋으리라 봅니다. 또한 발음상의 문제로 인도의 범어 원음(原音)을 사용한 곳도 있습니다.

✺ 절하기 전에 읽으십시오 ✺

기도 입재 발원문

    우러러 온 우주 법계에 충만하사 아니 계신 곳 없으시고, 만유에 평등하사 자비의 구름으로 피어나신 과거, 현재, 미래의 삼천 부처님께 귀의하나이다.

    참다운 실상은 형상과 말을 여의었건만 감응하시는 원력은 삼천대천세계를 두루 덮으시고, 단비 같은 팔만사천 법문으로 온갖 번뇌 씻어주시며, 자유자재하신 방편으로 고해 중생 건지시니 행하는 일 성취됨은 맑은 못이 달그림자 같사옵니다.

    그러하옵기에 이렇듯 저의 정성 모아 삼천배를 올리오니, 이 공덕으로 신심 더욱 깊어지고 가정은 늘 평안하며 모든이들 부처님 세상에 들게 하여지이다.

  나무서가모니불
  나무서가모니불
  나무시아본사서가모니불

과거장엄겁천불
過去莊嚴劫千佛

과거장엄겁천불명경에서 부처님의 명호만 발췌하였습니다.

장엄겁은 현재의 세계가 생기기 이전의 무한히 먼 과거의 시대를 말합니다. 경에서는, 만일 불자들이 이 부처님들의 명호를 부르거나 쓰면, 과거에 지은 업장을 소멸하여 장차 성불(成佛)할 수 있다고 가르칩니다.

1 나무화광부처님
南無華光佛

2 나무인중존부처님
南無人中尊佛

3 나무사자보부처님
南無師子步佛

4 나무능인화부처님
南無能仁化佛

5 나무화분신통부처님
南無火奮迅通佛

6 나무요성부처님
南無曜聲佛

7 나무무한광부처님
南無無限光佛

8 나무선적혜월성자재왕부처님
南無善寂慧月聲自在王佛

9 나무성취부처님
南無成就佛

10 나무최상위부처님
南無最上威佛

11 나무취안락부처님
南 無 趣 安 樂 佛

12 나무보정견부처님
南 無 寶 正 見 佛

13 나무공양광칭부처님
南 無 供 養 廣 稱 佛

14 나무사자음부처님
南 無 師 子 音 佛

15 나무음시부처님
南 無 音 施 佛

16 나무보중부처님
南 無 寶 中 佛

17 나무전등광부처님
南 無 電 燈 光 佛

18 나무연화광부처님
南 無 蓮 華 光 佛

19 나무대등광부처님
南 無 大 燈 光 佛

20 나무정성부처님
南 無 淨 聲 佛

21 나무제호의부처님
南無除狐疑佛

22 나무무량위신부처님
南無無量威神佛

23 나무주아승지정진공덕부처님
南無住阿僧祇精進功德佛

24 나무호묘법당부처님
南無護妙法幢佛

25 나무희가위신부처님
南無喜可威神佛

26 나무산의부처님
南無散疑佛

27 나무덕개부처님
南無德鎧佛

28 나무선견부처님
南無善見佛

29 나무희가위부처님
南無喜可威佛

30 나무부장부부처님
南無不藏覆佛

31 나무무량장부처님
南 無 無 量 藏 佛

32 나무광유희부처님
南 無 光 遊 戱 佛

33 나무광칭부처님
南 無 廣 稱 佛

34 나무사번부처님
南 無 捨 旛 佛

35 나무존비부처님
南 無 尊 悲 佛

36 나무보견부처님
南 無 普 見 佛

37 나무운보호부처님
南 無 雲 普 護 佛

38 나무금강합부처님
南 無 金 剛 合 佛

39 나무지혜래부처님
南 無 智 慧 來 佛

40 나무희광칭부처님
南 無 喜 廣 稱 佛

41 나무무량상부처님
南無無量像佛

42 나무대열부처님
南無大悅佛

43 나무미의부처님
南無美意佛

44 나무부동용보부처님
南無不動勇步佛

45 나무동산악왕부처님
南無動山嶽王佛

46 나무염취광부처님
南無焰聚光佛

47 나무주각부처님
南無住覺佛

48 나무성덕부처님
南無聲德佛

49 나무열해탈부처님
南無悅解脫佛

50 나무무우도부처님
南無無憂度佛

51 나무보견사견부처님
南 無 普 見 事 見 佛

52 나무대승도부처님
南 無 大 乘 導 佛

53 나무보화부처님
南 無 普 火 佛

54 나무국공양부처님
南 無 國 供 養 佛

55 나무자재광부처님
南 無 自 在 光 佛

56 나무설최공경부처님
南 無 說 最 恭 敬 佛

57 나무정광부처님
南 無 淨 光 佛

58 나무사자분신부처님
南 無 師 子 奮 迅 佛

59 나무제의부처님
南 無 除 疑 佛

60 나무무물성취부처님
南 無 無 勿 成 就 佛

61 나무무종보부처님
　　南 無 無 終 步 佛

62 나무무화광부처님
　　南 無 無 火 光 佛

63 나무봉경칭부처님
　　南 無 奉 敬 稱 佛

64 나무섭근경열성부처님
　　南 無 攝 根 敬 悅 聲 佛

65 나무무능복운부처님
　　南 無 無 能 伏 運 佛

66 나무무종성부처님
　　南 無 無 終 聲 佛

67 나무사유중생부처님
　　南 無 思 惟 衆 生 佛

68 나무신족광부처님
　　南 無 神 足 光 佛

69 나무덕왕부처님
　　南 無 德 王 佛

70 나무후성부처님
　　南 無 吼 聲 佛

71 나무천운뢰성왕부처님
南無千雲雷聲王佛

72 나무광요부처님
南無廣曜佛

73 나무무애제견부처님
南無無崖際見佛

74 나무사자향부처님
南無師子香佛

75 나무등선부처님
南無等善佛

76 나무광시부처님
南無廣施佛

77 나무보현부처님
南無普現佛

78 나무선상부처님
南無善像佛

79 나무의칭부처님
南無意稱佛

80 나무보정부처님
南無寶淨佛

81 나무상광부처님
南無上光佛

82 나무광보부처님
南無廣步佛

83 나무금강제부처님
南無金剛齊佛

84 나무결각부처님
南無決覺佛

85 나무혜당부처님
南無慧幢佛

86 나무무동각부처님
南無無動覺佛

87 나무위의의부처님
南無威儀意佛

88 나무보상부처님
南無普像佛

89 나무제의부처님
南無諦意佛

90 나무광음성부처님
南無光音聲佛

91 나무성취사라자재왕부처님
南無成就娑羅自在王佛

92 나무무량화광부처님
南無無量火光佛

93 나무희사유부처님
南無喜思惟佛

94 나무장칭부처님
南無藏稱佛

95 나무법당공구소마왕부처님
南無法幢空俱蘇摩王佛

96 나무난승부처님
南無難勝佛

97 나무수미력부처님
南無須彌力佛

98 나무마니주부처님
南無摩尼珠佛

99 나무금강왕부처님
南無金剛王佛

100 나무금상위부처님
南無金上威佛

101 나무미음성부처님
南無美音聲佛

102 나무산승부처님
南無山勝佛

103 나무중생소의부처님
南無衆生所疑佛

104 나무환희장승산왕부처님
南無歡喜藏勝山王佛

105 나무무감출부처님
南無無減出佛

106 나무열의부처님
南無悅意佛

107 나무미성부처님
南無美聲佛

108 나무범성룡분신부처님
南無梵聲龍奮迅佛

109 나무월등명부처님
南無月燈明佛

110 나무법해조공덕왕부처님
南無法海潮功德王佛

111 나무덕정덕광부처님
南無德淨德光佛

112 나무혜사부처님
南無慧事佛

113 나무견유서부처님
南無見有緒佛

114 나무회견부처님
南無懷見佛

115 나무세간승상부처님
南無世間勝上佛

116 나무인음부처님
南無人音佛

117 나무면광부처님
南無綿光佛

118 나무계보부처님
南無戒步佛

119 나무천중존부처님
南無天中尊佛

120 나무경회담부처님
南無敬懷談佛

121 나무무량광명부처님
南無無量光明佛

122 나무덕시부처님
南無德施佛

123 나무대수미부처님
南無大須彌佛

124 나무진열부처님
南無眞悅佛

125 나무현의부처님
南無賢意佛

126 나무금상부처님
南無金上佛

127 나무대청정부처님
南無大淸淨佛

128 나무존의부처님
南無尊意佛

129 나무의정부처님
南無意淨佛

130 나무연화체부처님
南無蓮華體佛

131 나무인승력사부처님
南無人乘力士佛

132 나무상승의부처님
南無常勝意佛

133 나무용맹산부처님
南無勇猛山佛

134 나무사자성부처님
南無師子聲佛

135 나무승성부처님
南無勝聲佛

136 나무희해부처님
南無喜解佛

137 나무선주제선장왕부처님
南無善住諸禪藏王佛

138 나무자광부처님
南無自光佛

139 나무상호부처님
南無相好佛

140 나무무탁리부처님
南無無濁利佛

141 나무존광부처님
南無尊光佛

142 나무성취의부처님
南無成就意佛

143 나무무번열부처님
南無無煩熱佛

144 나무제지중부처님
南無除地重佛

145 나무최염광부처님
南無最焰光佛

146 나무결사유부처님
南無決思惟佛

147 나무진제일부처님
南無眞諦日佛

148 나무취집보부처님
南無聚集寶佛

149 나무부화광부처님
南無剖華光佛

150 나무존상자재부처님
南無尊上自在佛

151 나무명칭당부처님
南無名稱幢佛

152 나무덕열부처님
南無德悅佛

153 나무법등명부처님
南無法燈明佛

154 나무위광열부처님
南無威光悅佛

155 나무군장경상부처님
南無軍將敬像佛

156 나무사자유보부처님
南無師子遊步佛

157 나무리일체염의부처님
南無離一切染意佛

158 나무해의부처님
南無海意佛

159 나무산화장엄광부처님
南無散華莊嚴光佛

160 나무개취부처님
南無蓋聚佛

161 나무살리수왕부처님
　　南無薩梨樹王佛

162 나무금광명사자분신왕부처님
　　南無金光明師子奮迅王佛

163 나무해미부처님
　　南無解味佛

164 나무멸근부처님
　　南無滅根佛

165 나무월승부처님
　　南無月勝佛

166 나무화향부처님
　　南無華香佛

167 나무수미광명부처님
　　南無須彌光明佛

168 나무월명부처님
　　南無月明佛

169 나무민보부처님
　　南無敏步佛

170 나무정명부처님
　　南無政明佛

171 나무법광부처님
南無法光佛

172 나무계열부처님
南無戒悅佛

173 나무보조적상공덕왕부처님
南無普照積上功德王佛

174 나무대자재부처님
南無大自在佛

175 나무선주공덕여의적왕부처님
南無善住功德如意積王佛

176 나무익천부처님
南無益天佛

177 나무보해부처님
南無普解佛

178 나무성취의수부처님
南無成就義修佛

179 나무인중광부처님
南無人中光佛

180 나무호덕부처님
南無好德佛

181 나무견정진부처님
南 無 見 精 進 佛

182 나무명칭선부처님
南 無 名 稱 仙 佛

183 나무명칭번부처님
南 無 名 稱 旛 佛

184 나무염면부처님
南 無 焰 面 佛

185 나무보열부처님
南 無 普 悅 佛

186 나무신광보조부처님
南 無 身 光 普 照 佛

187 나무결산부처님
南 無 決 散 佛

188 나무존상덕부처님
南 無 尊 上 德 佛

189 나무조의부처님
南 無 調 意 佛

190 나무애회경공양부처님
南 無 愛 懷 敬 供 養 佛

191 나무보섭부처님
南 無 普 攝 佛

192 나무도열부처님
南 無 道 悅 佛

193 나무사의부처님
南 無 思 意 佛

194 나무출의부처님
南 無 出 意 佛

195 나무산의부처님
南 無 山 意 佛

196 나무잡색광부처님
南 無 雜 色 光 佛

197 나무뇌성부처님
南 無 雷 聲 佛

198 나무화광신부처님
南 無 火 光 身 佛

199 나무덕암부처님
南 無 德 巖 佛

200 나무무구혜심성왕부처님
南 無 無 垢 慧 深 聲 王 佛

201 나무무우회부처님
南無無憂懷佛

202 나무천계부처님
南無天界佛

203 나무사자무량음부처님
南無師子無量音佛

204 나무정념해부처님
南無正念海佛

205 나무견경회부처님
南無見敬懷佛

206 나무수왕풍장부처님
南無樹王豊長佛

207 나무조당부처님
南無調幢佛

208 나무보방문부처님
南無普方聞佛

209 나무경회명부처님
南無敬懷明佛

210 나무월당부처님
南無月幢佛

211 나무무외시부처님
南無無畏施佛

212 나무성왕부처님
南無星王佛

213 나무월중천부처님
南無月中天佛

214 나무광명일부처님
南無光明日佛

215 나무대명칭부처님
南無大名稱佛

216 나무희음부처님
南無喜音佛

217 나무설경회부처님
南無說敬懷佛

218 나무명칭체부처님
南無名稱體佛

219 나무삼매승분신부처님
南無三昧勝奮迅佛

220 나무미열부처님
南無美悅佛

221 나무묘락니부처님
南 無 妙 樂 尼 佛

222 나무중생안부처님
南 無 衆 生 眼 佛

223 나무회지부처님
南 無 懷 地 佛

224 나무기위훼악부처님
南 無 棄 威 毀 惡 佛

225 나무자조부처님
南 無 慈 調 佛

226 나무존중상부처님
南 無 尊 中 上 佛

227 나무광대지부처님
南 無 廣 大 智 佛

228 나무묘약부처님
南 無 妙 藥 佛

229 나무공덕륜부처님
南 無 功 德 輪 佛

230 나무리외부처님
南 無 離 畏 佛

231 나무법계신부처님
南無法界身佛

232 나무허공등부처님
南無虛空燈佛

233 나무견월부처님
南無見月佛

234 나무제마존부처님
南無諸摩尊佛

235 나무대존상부처님
南無大尊上佛

236 나무광명신부처님
南無光明身佛

237 나무의광부처님
南無意光佛

238 나무금장부처님
南無金藏佛

239 나무조익유부처님
南無調益遊佛

240 나무광일부처님
南無光日佛

241 나무현신부처님
南 無 現 身 佛

242 나무상수행부처님
南 無 常 修 行 佛

243 나무향감부처님
南 無 香 感 佛

244 나무유리화부처님
南 無 瑠 璃 華 佛

245 나무금색신부처님
南 無 金 色 身 佛

246 나무일등명부처님
南 無 日 燈 明 佛

247 나무풍광부처님
南 無 豊 光 佛

248 나무설경애부처님
南 無 說 敬 愛 佛

249 나무선사익부처님
南 無 善 思 益 佛

250 나무보견선부처님
南 無 普 見 善 佛

251 나무사자번부처님
南無師子幡佛

252 나무보선부처님
南無普仙佛

253 나무대유보부처님
南無大遊步佛

254 나무요연화광부처님
南無曜蓮華光佛

255 나무산후자재왕부처님
南無山吼自在王佛

256 나무무량열부처님
南無無量悅佛

257 나무무염부처님
南無無染佛

258 나무천개부처님
南無天蓋佛

259 나무능작무외부처님
南無能作無畏佛

260 나무거승부처님
南無車乘佛

261 나무용승부처님
南 無 龍 勝 佛

262 나무지미부처님
南 無 支 味 佛

263 나무거광부처님
南 無 車 光 佛

264 나무일안부처님
南 無 日 眼 佛

265 나무무애안부처님
南 無 無 礙 眼 佛

266 나무공유보부처님
南 無 共 遊 步 佛

267 나무대등명부처님
南 無 大 燈 明 佛

268 나무성장부처님
南 無 盛 長 佛

269 나무산적부처님
南 無 山 積 佛

270 나무덕체부처님
南 無 德 體 佛

271 나무법전부처님
南無法典佛

272 나무풍경부처님
南無風敬佛

273 나무무외경회부처님
南無無畏敬懷佛

274 나무혜번부처님
南無慧幡佛

275 나무위신광명부처님
南無威神光明佛

276 나무월시부처님
南無月施佛

277 나무섭애택부처님
南無攝愛擇佛

278 나무무구색부처님
南無無垢色佛

279 나무선사부처님
南無善事佛

280 나무감로광부처님
南無甘露光佛

281 나무광굴부처님
南無光屈佛

282 나무법주부처님
南無法州佛

283 나무염당부처님
南無焰幢佛

284 나무무변정진부처님
南無無邊精進佛

285 나무보열부처님
南無寶悅佛

286 나무보사부처님
南無普思佛

287 나무선사의부처님
南無善思意佛

288 나무호일체부처님
南無護一切佛

289 나무작리익부처님
南無作利益佛

290 나무수미겁부처님
南無須彌劫佛

291 나무광음부처님
南無光音佛

292 나무지산부처님
南無智山佛

293 나무진정당부처님
南無眞正幢佛

294 나무선주의부처님
南無善住意佛

295 나무무량천부처님
南無無量天佛

296 나무존화부처님
南無尊華佛

297 나무대단시부처님
南無大檀施佛

298 나무대당부처님
南無大幢佛

299 나무광중일부처님
南無光中日佛

300 나무묘법광명부처님
南無妙法光明佛

301 나무조삼세부처님
南無照三世佛

302 나무지자재부처님
南無智自在佛

303 나무시천종부처님
南無施天種佛

304 나무견이도부처님
南無見以度佛

305 나무수승상부처님
南無殊勝相佛

306 나무공작성부처님
南無孔雀聲佛

307 나무보복부처님
南無普伏佛

308 나무허공운부처님
南無虛空雲佛

309 나무무견사부처님
南無無見死佛

310 나무명칭경애부처님
南無名稱敬愛佛

311 나무선섭부처님
南 無 善 攝 佛

312 나무천중열부처님
南 無 天 中 悅 佛

313 나무지혜등부처님
南 無 智 慧 燈 佛

314 나무대취부처님
南 無 大 聚 佛

315 나무심각부처님
南 無 深 覺 佛

316 나무무량유보부처님
南 無 無 量 遊 步 佛

317 나무미유부처님
南 無 彌 留 佛

318 나무명취부처님
南 無 明 聚 佛

319 나무대중부처님
南 無 大 重 佛

320 나무대유부처님
南 無 大 遊 佛

321 나무승천부처님
南 無 勝 天 佛

322 나무조익유보부처님
南 無 調 益 遊 步 佛

323 나무월경회부처님
南 無 月 敬 懷 佛

324 나무원해광부처님
南 無 願 海 光 佛

325 나무설열부처님
南 無 說 悅 佛

326 나무혜광부처님
南 無 慧 光 佛

327 나무지등조요왕부처님
南 無 智 燈 照 曜 王 佛

328 나무화취부처님
南 無 華 聚 佛

329 나무신족광명부처님
南 無 神 足 光 明 佛

330 나무불가승분신성왕부처님
南 無 不 可 勝 奮 迅 聲 王 佛

331 나무무량광염부처님
南無無量光焰佛

332 나무조체부처님
南無調體佛

333 나무광칭부처님
南無光稱佛

334 나무보당부처님
南無寶幢佛

335 나무대력광상부처님
南無大力光相佛

336 나무일당부처님
南無日幢佛

337 나무무비혜부처님
南無無比慧佛

338 나무다소요익부처님
南無多所饒益佛

339 나무세청문부처님
南無世聽聞佛

340 나무유신족부처님
南無遊神足佛

341 나무최상명칭부처님
南 無 最 上 名 稱 佛

342 나무청정면월장덕부처님
南 無 淸 淨 面 月 藏 德 佛

343 나무보정부처님
南 無 寶 正 佛

344 나무무능훼명칭부처님
南 無 無 能 毀 名 稱 佛

345 나무쾌광부처님
南 無 快 光 佛

346 나무만족심부처님
南 無 滿 足 心 佛

347 나무무첨의부처님
南 無 無 諂 意 佛

348 나무독보부처님
南 無 獨 步 佛

349 나무일념광부처님
南 無 一 念 光 佛

350 나무무변공덕보작부처님
南 無 無 邊 功 德 寶 作 佛

351 나무대호부처님
南無大護佛

352 나무천당부처님
南無天幢佛

353 나무무미보부처님
南無無迷步佛

354 나무묘안부처님
南無妙眼佛

355 나무선열역부처님
南無善悅懌佛

356 나무요설장엄운후부처님
南無樂說莊嚴雲吼佛

357 나무시광부처님
南無施光佛

358 나무회천부처님
南無懷天佛

359 나무해탈광부처님
南無解脫光佛

360 나무지덕부처님
南無持德佛

361 나무윤의부처님
南無潤意佛

362 나무도광부처님
南無道光佛

363 나무해풍부처님
南無海豐佛

364 나무도희부처님
南無道喜佛

365 나무광대선안정제의부처님
南無廣大善眼淨除疑佛

366 나무요설산부처님
南無樂說山佛

367 나무세주신부처님
南無世主身佛

368 나무법력자재승부처님
南無法力自在勝佛

369 나무법기부처님
南無法起佛

370 나무법체승부처님
南無法體勝佛

371 나무무미사부처님
南 無 無 迷 思 佛

372 나무덕상부처님
南 無 德 上 佛

373 나무무첨명칭부처님
南 無 無 諂 名 稱 佛

374 나무대정부처님
南 無 大 淨 佛

375 나무대중자재용맹부처님
南 無 大 衆 自 在 勇 猛 佛

376 나무천광명부처님
南 無 天 光 明 佛

377 나무열섭부처님
南 無 悅 攝 佛

378 나무일체복덕산부처님
南 無 一 切 福 德 山 佛

379 나무비두라부처님
南 無 毘 頭 羅 佛

380 나무지열부처님
南 無 地 悅 佛

381 나무중승해탈부처님
南 無 衆 勝 解 脫 佛

382 나무잡광부처님
南 無 雜 光 佛

383 나무월경애부처님
南 無 月 敬 哀 佛

384 나무시현무외운부처님
南 無 示 現 無 畏 雲 佛

385 나무법용맹부처님
南 無 法 勇 猛 佛

386 나무개시무량지부처님
南 無 開 示 無 量 智 佛

387 나무명칭상부처님
南 無 名 稱 上 佛

388 나무월안부처님
南 無 月 眼 佛

389 나무용천부처님
南 無 龍 天 佛

390 나무마혜수라자재부처님
南 無 摩 醯 首 羅 自 在 佛

391 나무덕각부처님
南無德覺佛

392 나무화상부처님
南無華上佛

393 나무세경애부처님
南無世敬哀佛

394 나무무진수광부처님
南無無盡受光佛

395 나무십력자재부처님
南無十力自在佛

396 나무삼세화광부처님
南無三世華光佛

397 나무정가라가결정위덕부처님
南無淨迦羅迦決定威德佛

398 나무시방당부처님
南無十方幢佛

399 나무용자재왕부처님
南無龍自在王佛

400 나무범자재왕부처님
南無梵自在王佛

401 나무설경애부처님
南無說敬哀佛

402 나무적경애부처님
南無寂敬愛佛

403 나무지광부처님
南無地光佛

404 나무작덕부처님
南無作德佛

405 나무존광명부처님
南無尊光明佛

406 나무선처부처님
南無善處佛

407 나무천희부처님
南無天喜佛

408 나무보광명부처님
南無普光明佛

409 나무정음부처님
南無淨音佛

410 나무대능부처님
南無大能佛

411 나무해탈일부처님
南無解脫日佛

412 나무중승부처님
南無衆勝佛

413 나무각광부처님
南無覺光佛

414 나무덕명칭부처님
南無德名稱佛

415 나무선각부처님
南無善覺佛

416 나무산이의부처님
南無散異疑佛

417 나무사자갈애부처님
南無師子渴愛佛

418 나무덕보부처님
南無德步佛

419 나무대친부처님
南無大親佛

420 나무현주부처님
南無現住佛

421 나무천소공경부처님
南 無 天 所 恭 敬 佛

422 나무해문식부처님
南 無 海 文 飾 佛

423 나무경애부처님
南 無 敬 愛 佛

424 나무수미번부처님
南 無 須 彌 旛 佛

425 나무정왕부처님
南 無 淨 王 佛

426 나무지혜악부처님
南 無 智 慧 嶽 佛

427 나무향시부처님
南 無 香 施 佛

428 나무적정연등부처님
南 無 寂 靜 然 燈 佛

429 나무지의부처님
南 無 持 意 佛

430 나무능선열부처님
南 無 能 仙 悅 佛

431 나무보등명부처님
南無寶燈明佛

432 나무염광부처님
南無焰光佛

433 나무견중부처님
南無見衆佛

434 나무경애주부처님
南無敬愛住佛

435 나무환열사부처님
南無歡悅事佛

436 나무덕조체부처님
南無德調體佛

437 나무열견부처님
南無悅見佛

438 나무무외친부처님
南無無畏親佛

439 나무정안부처님
南無淨眼佛

440 나무적심부처님
南無寂心佛

441 나무불미보부처님
南無不迷步佛

442 나무존안부처님
南無尊眼佛

443 나무호해탈부처님
南無好解脫佛

444 나무각오본부처님
南無覺悟本佛

445 나무최상중부처님
南無最上衆佛

446 나무산광부처님
南無散光佛

447 나무자사부처님
南無自事佛

448 나무적승안부처님
南無寂勝岸佛

449 나무광명명칭부처님
南無光明名稱佛

450 나무광명조부처님
南無光明照佛

451 나무친전부처님
南無親展佛

452 나무월현부처님
南無月賢佛

453 나무염음부처님
南無焰音佛

454 나무덕조부처님
南無德調佛

455 나무무착승부처님
南無無著勝佛

456 나무상왕부처님
南無相王佛

457 나무무번열의부처님
南無無煩熱意佛

458 나무존경부처님
南無尊敬佛

459 나무법대부처님
南無法臺佛

460 나무무진덕부처님
南無無盡德佛

461 나무무애승부처님
南 無 無 礙 勝 佛

462 나무무진향부처님
南 無 無 盡 香 佛

463 나무적승부처님
南 無 寂 勝 佛

464 나무적공덕부처님
南 無 寂 功 德 佛

465 나무대선일부처님
南 無 大 善 日 佛

466 나무지무외부처님
南 無 至 無 畏 佛

467 나무경혜부처님
南 無 敬 慧 佛

468 나무무미의부처님
南 無 無 迷 意 佛

469 나무민경부처님
南 無 敏 敬 佛

470 나무천자재부처님
南 無 天 自 在 佛

471 나무신족열부처님
南無神足悅佛

472 나무무개부처님
南無無蓋佛

473 나무용광부처님
南無龍光佛

474 나무위신보부처님
南無威神步佛

475 나무미유악부처님
南無彌留嶽佛

476 나무견생사중제부처님
南無見生死衆際佛

477 나무참괴면부처님
南無慙愧面佛

478 나무염색상부처님
南無焰色像佛

479 나무보악부처님
南無寶嶽佛

480 나무적의부처님
南無寂意佛

481 나무월존상부처님
南 無 月 尊 上 佛

482 나무상선사부처님
南 無 常 禪 思 佛

483 나무덕당부처님
南 無 德 幢 佛

484 나무중생중존부처님
南 無 衆 生 中 尊 佛

485 나무무외우부처님
南 無 無 畏 友 佛

486 나무부동안부처님
南 無 不 動 眼 佛

487 나무승원부처님
南 無 勝 怨 佛

488 나무유광보부처님
南 無 遊 光 步 佛

489 나무조암부처님
南 無 調 巖 佛

490 나무일상광부처님
南 無 一 相 光 佛

491 나무세소존부처님
南無世所尊佛

492 나무관방부처님
南無觀方佛

493 나무경계부처님
南無敬戒佛

494 나무세열염부처님
南無世悅焰佛

495 나무사자분신유부처님
南無師子奮迅遊佛

496 나무무탁의부처님
南無無濁意佛

497 나무명칭열부처님
南無名稱悅佛

498 나무결단의부처님
南無決斷意佛

499 나무제과부처님
南無除過佛

500 나무선적제근부처님
南無善寂諸根佛

501 나무덕신부처님
南 無 德 身 佛

502 나무인장부처님
南 無 因 藏 佛

503 나무광호희부처님
南 無 光 好 喜 佛

504 나무직보부처님
南 無 直 步 佛

505 나무잡색부처님
南 無 雜 色 佛

506 나무보방광부처님
南 無 普 放 光 佛

507 나무행승부처님
南 無 行 勝 佛

508 나무상인부처님
南 無 常 忍 佛

509 나무삼계존부처님
南 無 三 界 尊 佛

510 나무무승부처님
南 無 無 勝 佛

511 나무륜천연화부처님
南 無 輪 天 蓮 華 佛

512 나무견분신부처님
南 無 堅 奮 迅 佛

513 나무보현부처님
南 無 普 賢 佛

514 나무존위신부처님
南 無 尊 威 神 佛

515 나무영리의부처님
南 無 盈 利 意 佛

516 나무호왕부처님
南 無 護 王 佛

517 나무연화안부처님
南 無 蓮 華 眼 佛

518 나무사명칭부처님
南 無 思 名 稱 佛

519 나무수당부처님
南 無 樹 幢 佛

520 나무정호부처님
南 無 淨 護 佛

521 나무보조부처님
南 無 普 照 佛

522 나무보법승결정부처님
南 無 寶 法 勝 決 定 佛

523 나무덕향열부처님
南 無 德 香 悅 佛

524 나무지자찬부처님
南 無 智 者 讚 佛

525 나무덕도부처님
南 無 德 度 佛

526 나무무외왕부처님
南 無 無 畏 王 佛

527 나무혜등부처님
南 無 慧 燈 佛

528 나무위력부처님
南 無 威 力 佛

529 나무보견왕부처님
南 無 普 見 王 佛

530 나무각희부처님
南 無 覺 憙 佛

531 나무승원열부처님
南無勝怨悅佛

532 나무일체경애부처님
南無一切敬愛佛

533 나무도중의부처님
南無度衆疑佛

534 나무사정부처님
南無捨淨佛

535 나무금강승부처님
南無金剛勝佛

536 나무존교수부처님
南無尊教授佛

537 나무혜열부처님
南無慧悅佛

538 나무지각부처님
南無持覺佛

539 나무민음부처님
南無敏音佛

540 나무대용부처님
南無大龍佛

541 나무보오락부처님
南 無 普 娛 樂 佛

542 나무보세회부처님
南 無 普 世 懷 佛

543 나무사자오락부처님
南 無 師 子 娛 樂 佛

544 나무파제군부처님
南 無 破 諸 軍 佛

545 나무승안부처님
南 無 勝 眼 佛

546 나무명복부처님
南 無 明 伏 佛

547 나무견재부처님
南 無 堅 才 佛

548 나무견사라부처님
南 無 堅 娑 羅 佛

549 나무태조부처님
南 無 泰 調 佛

550 나무선안청정부처님
南 無 善 眼 清 淨 佛

551 나무견보부처님
南 無 見 寶 佛

552 나무진작부처님
南 無 盡 作 佛

553 나무리표하부처님
南 無 離 漂 河 佛

554 나무지명칭부처님
南 無 持 名 稱 佛

555 나무범천소경부처님
南 無 梵 天 所 敬 佛

556 나무이경부처님
南 無 以 敬 佛

557 나무대굴부처님
南 無 大 屈 佛

558 나무경지혜부처님
南 無 敬 智 慧 佛

559 나무무제원부처님
南 無 無 際 願 佛

560 나무사만류부처님
南 無 捨 漫 流 佛

561 나무호희견부처님
南 無 好 意 見 佛

562 나무대화부처님
南 無 大 華 佛

563 나무자성취의부처님
南 無 自 成 就 意 佛

564 나무희광부처님
南 無 憙 光 佛

565 나무쾌해부처님
南 無 快 解 佛

566 나무시숙부처님
南 無 施 宿 佛

567 나무견성부처님
南 無 堅 聲 佛

568 나무수니다부처님
南 無 須 尼 多 佛

569 나무비마묘부처님
南 無 毘 摩 妙 佛

570 나무최안색부처님
南 無 最 顔 色 佛

571 나무사선사부처님
南 無 思 禪 思 佛

572 나무유희덕부처님
南 無 遊 戲 德 佛

573 나무회최부처님
南 無 懷 最 佛

574 나무선비마부처님
南 無 善 毘 摩 佛

575 나무보관부처님
南 無 普 觀 佛

576 나무견심부처님
南 無 堅 心 佛

577 나무경최상부처님
南 無 敬 最 上 佛

578 나무선주공덕마니산왕부처님
南 無 善 住 功 德 摩 尼 山 王 佛

579 나무도세부처님
南 無 度 世 佛

580 나무희덕부처님
南 無 喜 德 佛

581 나무상보부처님
南無上寶佛

582 나무선어참괴부처님
南無善於慚愧佛

583 나무조일체중생광명부처님
南無照一切衆生光明佛

584 나무사자왕부처님
南無師子王佛

585 나무대보부처님
南無大步佛

586 나무보회부처님
南無普懷佛

587 나무음성기부처님
南無音聲器佛

588 나무회상부처님
南無懷上佛

589 나무삼만다사마타부처님
南無普止佛

590 나무보각부처님
南無普覺佛

591 나무위덕대세력부처님
南無威德大勢力佛

592 나무승위덕부처님
南無勝威德佛

593 나무견고서부처님
南無堅固誓佛

594 나무정공양부처님
南無淨供養佛

595 나무천소경부처님
南無天所敬佛

596 나무성견고부처님
南無成堅固佛

597 나무최승부처님
南無最勝佛

598 나무일체공덕비구부처님
南無一切功德備具佛

599 나무견해부처님
南無堅解佛

600 나무적광부처님
南無寂光佛

601 나무감로성부처님
南無甘露成佛

602 나무극상음성부처님
南無極上音聲佛

603 나무환희증장부처님
南無歡喜增長佛

604 나무견용맹파진부처님
南無堅勇猛破陣佛

605 나무회멸부처님
南無懷滅佛

606 나무각보부처님
南無覺步佛

607 나무의최성부처님
南無依最聲佛

608 나무성풍부처님
南無成豐佛

609 나무해보부처님
南無海步佛

610 나무환희면부처님
南無歡喜面佛

611 나무최상광부처님
南無最上光佛

612 나무적각부처님
南無寂覺佛

613 나무대성부처님
南無大聖佛

614 나무선보부처님
南無善寶佛

615 나무제주부처님
南無諦住佛

616 나무인자재부처님
南無人自在佛

617 나무주적멸부처님
南無住寂滅佛

618 나무유입각부처님
南無遊入覺佛

619 나무승우부처님
南無勝友佛

620 나무회리부처님
南無懷利佛

621 나무최보부처님
南 無 最 步 佛

622 나무인중월부처님
南 無 人 中 月 佛

623 나무위극상광명부처님
南 無 威 極 上 光 明 佛

624 나무구린부처님
南 無 拘 鄰 佛

625 나무최승왕부처님
南 無 最 勝 王 佛

626 나무대장엄부처님
南 無 大 莊 嚴 佛

627 나무사자분신보부처님
南 無 師 子 奮 迅 步 佛

628 나무회향풍부처님
南 無 懷 香 風 佛

629 나무희적멸부처님
南 無 喜 寂 滅 佛

630 나무대칭부처님
南 無 大 稱 佛

631 나무인음성부처님
南無人音聲佛

632 나무아누율부처님
南無阿㝹律佛

633 나무주월부처님
南無珠月佛

634 나무회명부처님
南無懷明佛

635 나무광명칭부처님
南無廣名稱佛

636 나무희최상부처님
南無憙最上佛

637 나무정각부처님
南無淨覺佛

638 나무보경부처님
南無寶敬佛

639 나무호안색광부처님
南無好顏色光佛

640 나무멸원부처님
南無滅怨佛

641 나무승군부처님
南無勝軍佛

642 나무제각부처님
南無諦覺佛

643 나무무종광부처님
南無無終光佛

644 나무상인욕부처님
南無常忍辱佛

645 나무승월상부처님
南無勝月上佛

646 나무상보부처님
南無象步佛

647 나무회지혜부처님
南無懷智慧佛

648 나무회제부처님
南無懷諦佛

649 나무연화향부처님
南無蓮華香佛

650 나무향상자재부처님
南無香上自在佛

651 나무불염족부처님
南無不厭足佛

652 나무등서부처님
南無等誓佛

653 나무최위부처님
南無最威佛

654 나무대광담취부처님
南無大光炎聚佛

655 나무잡종설부처님
南無雜種說佛

656 나무도연부처님
南無度淵佛

657 나무실체부처님
南無實體佛

658 나무해참괴부처님
南無解慚愧佛

659 나무상소경부처님
南無上所敬佛

660 나무잡음성부처님
南無雜音聲佛

661 나무덕유희부처님
南 無 德 遊 戲 佛

662 나무정주부처님
南 無 淨 住 佛

663 나무호향훈부처님
南 無 好 香 熏 佛

664 나무월광명부처님
南 無 月 光 明 佛

665 나무계분별부처님
南 無 戒 分 別 佛

666 나무각화부처님
南 無 覺 華 佛

667 나무최상의부처님
南 無 最 上 意 佛

668 나무의수공양부처님
南 無 宜 受 供 養 佛

669 나무담무갈부처님
南 無 曇 無 竭 佛

670 나무희상부처님
南 無 喜 上 佛

671 나무월광륜부처님
南無月光輪佛

672 나무회각부처님
南無懷覺佛

673 나무경로부처님
南無敬老佛

674 나무승우부처님
南無勝憂佛

675 나무신통명부처님
南無神通明佛

676 나무보보개부처님
南無普寶蓋佛

677 나무경상부처님
南無敬上佛

678 나무굴명칭부처님
南無屈名稱佛

679 나무나라연광명부처님
南無那羅延光明佛

680 나무도의부처님
南無度疑佛

681 나무 지시왕 부처님
南無 知時王 佛

682 나무 취화 부처님
南無 聚華 佛

683 나무 상화 부처님
南無 上華 佛

684 나무 승투전 부처님
南無 勝鬪戰 佛

685 나무 사자승광명 부처님
南無 師子乘光明 佛

686 나무 니시타 부처님
南無 尼尸陀 佛

687 나무 회보 부처님
南無 懷步 佛

688 나무 리일체우뇌광명 부처님
南無 離一切憂惱光明 佛

689 나무 견고광명 부처님
南無 堅固光明 佛

690 나무 월천성 부처님
南無 月天聲 佛

691 나무운왕광명부처님
南 無 雲 王 光 明 佛

692 나무정광명부처님
南 無 淨 光 明 佛

693 나무제운개부처님
南 無 除 雲 蓋 佛

694 나무무구광명부처님
南 無 無 垢 光 明 佛

695 나무여수화부처님
南 無 如 樹 華 佛

696 나무상성부처님
南 無 上 聲 佛

697 나무무종등부처님
南 無 無 終 燈 佛

698 나무성취의광명부처님
南 無 成 就 義 光 明 佛

699 나무덕천부처님
南 無 德 天 佛

700 나무중지자재부처님
南 無 衆 智 自 在 佛

701 나무무상묘법월부처님
南無無上妙法月佛

702 나무무공외광부처님
南無無恐畏光佛

703 나무등정각부처님
南無等正覺佛

704 나무무위성경부처님
南無無爲聲磬佛

705 나무보조륜월부처님
南無普照輪月佛

706 나무보륜부처님
南無普輪佛

707 나무청채의부처님
南無聽採意佛

708 나무무애사유부처님
南無無礙思惟佛

709 나무멸사유부처님
南無滅思惟佛

710 나무정진회부처님
南無精進懷佛

711 나무계공경부처님
南 無 戒 恭 敬 佛

712 나무복원부처님
南 無 伏 怨 佛

713 나무쾌상회부처님
南 無 快 上 懷 佛

714 나무각복도파부처님
南 無 覺 伏 濤 波 佛

715 나무무멸혜부처님
南 無 無 滅 慧 佛

716 나무복욕극자부처님
南 無 伏 欲 棘 刺 佛

717 나무도구경부처님
南 無 到 究 竟 佛

718 나무화선부처님
南 無 華 仙 佛

719 나무허공혜부처님
南 無 虛 空 慧 佛

720 나무사사유부처님
南 無 似 思 惟 佛

721 나무혜력부처님
南無慧力佛

722 나무담승해부처님
南無炎勝海佛

723 나무진외외성부처님
南無進巍巍聲佛

724 나무보음부처님
南無普音佛

725 나무쇄금강부처님
南無碎金剛佛

726 나무무위성부처님
南無無爲聲佛

727 나무무결정진부처님
南無無缺精進佛

728 나무대정진성광부처님
南無大精進盛光佛

729 나무적정광명신부처님
南無寂靜光明身佛

730 나무승외부처님
南無勝畏佛

731 나무천소경덕희부처님
南無天所敬德憙佛

732 나무법화부처님
南無法華佛

733 나무정성부처님
南無淨盛佛

734 나무월희부처님
南無月憙佛

735 나무회당부처님
南無懷幢佛

736 나무선의성부처님
南無善意成佛

737 나무무공외력부처님
南無無恐畏力佛

738 나무경음부처님
南無磬音佛

739 나무일화부처님
南無日華佛

740 나무징주사유부처님
南無澄住思惟佛

741 나무애회부처님
南無愛懷佛

742 나무월성부처님
南無月盛佛

743 나무무위성부처님
南無無爲成佛

744 나무무오아열의부처님
南無無吾我熱意佛

745 나무지조정왕부처님
南無智照頂王佛

746 나무제취의부처님
南無諦聚意佛

747 나무지일보조부처님
南無智日普照佛

748 나무희락여견부처님
南無喜樂如見佛

749 나무회명부처님
南無懷命佛

750 나무회사부처님
南無懷思佛

751 나무무번부처님
南 無 無 煩 佛

752 나무근본상부처님
南 無 根 本 上 佛

753 나무대사유부처님
南 無 大 思 惟 佛

754 나무회상부처님
南 無 懷 像 佛

755 나무대정진회부처님
南 無 大 精 進 懷 佛

756 나무무공외부처님
南 無 無 恐 畏 佛

757 나무명예음부처님
南 無 名 譽 音 佛

758 나무대성혜무결실부처님
南 無 大 聲 慧 無 缺 失 佛

759 나무계부부처님
南 無 戒 富 佛

760 나무위신부처님
南 無 威 身 佛

761 나무안락광부처님
南 無 安 樂 光 佛

762 나무법행심승월부처님
南 無 法 行 深 勝 月 佛

763 나무이멸광부처님
南 無 以 滅 光 佛

764 나무법광명자경상월부처님
南 無 法 光 明 慈 鏡 象 月 佛

765 나무파라라견부처님
南 無 波 羅 羅 堅 佛

766 나무체위부처님
南 無 逮 威 佛

767 나무월내부처님
南 無 月 內 佛

768 나무상지작화부처님
南 無 常 智 作 化 佛

769 나무산왕승장왕부처님
南 無 山 王 勝 藏 王 佛

770 나무파금강견부처님
南 無 破 金 剛 堅 佛

771 나무사시부처님
南無祠施佛

772 나무제정진부처님
南無諦精進佛

773 나무무량희광부처님
南無無量憙光佛

774 나무광위부처님
南無光威佛

775 나무법화고당운부처님
南無法華高幢雲佛

776 나무회광부처님
南無懷光佛

777 나무출유니부처님
南無出遊泥佛

778 나무연종성부처님
南無捐種姓佛

779 나무법해설성왕부처님
南無法海說聲王佛

780 나무대위부처님
南無大威佛

781 나무법뇌당왕승부처님
南無法雷幢王勝佛

782 나무덕연화부처님
南無德蓮華佛

783 나무법륜광명정부처님
南無法輪光明頂佛

784 나무당광부처님
南無幢光佛

785 나무법지보광명부처님
南無法智普光明佛

786 나무무위화부처님
南無無爲華佛

787 나무대승광부처님
南無大勝光佛

788 나무무위광위부처님
南無無爲光威佛

789 나무도위부처님
南無道威佛

790 나무정사유법화부처님
南無淨思惟法華佛

791 나무법운후왕부처님
南無法雲吼王佛

792 나무허공공덕부처님
南無虛空功德佛

793 나무최여의부처님
南無最如意佛

794 나무수미최성부처님
南無須彌最聲佛

795 나무자재회부처님
南無自在懷佛

796 나무무위칭부처님
南無無爲稱佛

797 나무법일지전연등부처님
南無法日智轉然燈佛

798 나무무애보현부처님
南無無礙普現佛

799 나무제석당왕부처님
南無帝釋幢王佛

800 나무무량향광명부처님
南無無量香光明佛

801 나무청정신부처님
南無清淨身佛

802 나무월중존부처님
南無月中尊佛

803 나무희시부처님
南無喜施佛

804 나무상호화부처님
南無相好華佛

805 나무부사의광부처님
南無不思議光佛

806 나무보비광계견시부처님
南無普飛廣戒堅視佛

807 나무리원부처님
南無離願佛

808 나무승현부처님
南無勝賢佛

809 나무급요부처님
南無及曜佛

810 나무허공심부처님
南無虛空心佛

811 나무유대음부처님
南 無 惟 大 音 佛

812 나무결단음부처님
南 無 決 斷 音 佛

813 나무제삼도용시부처님
南 無 除 三 塗 龍 施 佛

814 나무운뇌부처님
南 無 雲 雷 佛

815 나무허공다라부처님
南 無 虛 空 多 羅 佛

816 나무덕사부처님
南 無 德 思 佛

817 나무무구심부처님
南 無 無 垢 心 佛

818 나무보미부처님
南 無 寶 味 佛

819 나무시광부처님
南 無 十 光 佛

820 나무초월제법부처님
南 無 超 越 諸 法 佛

821 나무각무애음부처님
南無覺無礙音佛

822 나무천화부처님
南無天華佛

823 나무등견부처님
南無等見佛

824 나무월칭부처님
南無月稱佛

825 나무대상부처님
南無大像佛

826 나무불요부처님
南無不擾佛

827 나무대월부처님
南無大月佛

828 나무위자력부처님
南無威慈力佛

829 나무월위광부처님
南無月威光佛

830 나무취회부처님
南無趣懷佛

831 나무주선도부처님
南無住善度佛

832 나무순정진부처님
南無淳精進佛

833 나무광용욕부처님
南無光勇欲佛

834 나무보리혜용부처님
南無寶離慧勇佛

835 나무보리부처님
南無菩提佛

836 나무성영리부처님
南無成盈利佛

837 나무열호부처님
南無悅好佛

838 나무행불행부처님
南無行佛行佛

839 나무각멸의부처님
南無覺滅意佛

840 나무사자분신심운성왕부처님
南無師子奮迅心雲聲王佛

841 나무무박희상부처님
南 無 無 縛 喜 像 佛

842 나무지혜부처님
南 無 持 慧 佛

843 나무덕칭부처님
南 無 德 稱 佛

844 나무수미산위부처님
南 無 須 彌 山 威 佛

845 나무쾌명부처님
南 無 快 明 佛

846 나무제방천부처님
南 無 諸 方 天 佛

847 나무무량사유부처님
南 無 無 量 思 惟 佛

848 나무정계부처님
南 無 淨 戒 佛

849 나무선도부처님
南 無 善 度 佛

850 나무단서부처님
南 無 端 緒 佛

851 나무현면세간부처님
南無現面世間佛

852 나무선광경부처님
南無善光敬佛

853 나무구족의부처님
南無具足意佛

854 나무세웅부처님
南無世雄佛

855 나무정음성부처님
南無正音聲佛

856 나무위희부처님
南無威喜佛

857 나무선성취부처님
南無善成就佛

858 나무무애의부처님
南無無礙意佛

859 나무무구월당칭부처님
南無無垢月幢稱佛

860 나무마선주산왕부처님
南無摩善住山王佛

861 나무붕우광도부처님
南 無 朋 友 光 度 佛

862 나무혜대부처님
南 無 慧 臺 佛

863 나무보보부처님
南 無 普 寶 佛

864 나무지중생평등신부처님
南 無 知 衆 生 平 等 身 佛

865 나무대원승부처님
南 無 大 願 勝 佛

866 나무쾌사열부처님
南 無 快 士 悅 佛

867 나무염담사유부처님
南 無 恬 憺 思 惟 佛

868 나무선공양부처님
南 無 善 供 養 佛

869 나무덕취위부처님
南 無 德 聚 威 佛

870 나무열상부처님
南 無 悅 相 佛

871 나무대염취위부처님
南無大焰聚威佛

872 나무광화종종분신왕부처님
南無光華種種奮迅王佛

873 나무쾌응부처님
南無快應佛

874 나무계도부처님
南無戒度佛

875 나무최시부처님
南無最視佛

876 나무적당부처님
南無寂幢佛

877 나무대응부처님
南無大應佛

878 나무광광명부처님
南無廣光明佛

879 나무무위열부처님
南無無爲悅佛

880 나무외외견부처님
南無巍巍見佛

881 나무명칭시방부처님
南 無 名 稱 十 方 佛

882 나무항복마부처님
南 無 降 伏 摩 佛

883 나무혜무애부처님
南 無 慧 無 涯 佛

884 나무여천일위부처님
南 無 如 千 日 威 佛

885 나무필의부처님
南 無 必 意 佛

886 나무칭열부처님
南 無 稱 悅 佛

887 나무상도부처님
南 無 上 度 佛

888 나무가관부처님
南 無 可 觀 佛

889 나무무량혜부처님
南 無 無 量 慧 佛

890 나무지담승공덕부처님
南 無 智 炎 勝 功 德 佛

891 나무전단향부처님
南無栴檀香佛

892 나무세간등부처님
南無世間燈佛

893 나무불가항복당부처님
南無不可降伏幢佛

894 나무섭근부처님
南無攝根佛

895 나무사유해탈부처님
南無思惟解脫佛

896 나무승위덕의부처님
南無勝威德意佛

897 나무여정왕부처님
南無如淨王佛

898 나무난과상부처님
南無難過上佛

899 나무인욕등부처님
南無忍辱燈佛

900 나무묘견부처님
南無妙見佛

901 나무취자재부처님
南無聚自在佛

902 나무작제방부처님
南無作諸方佛

903 나무무승최묘부처님
南無無勝最妙佛

904 나무무위광부처님
南無無爲光佛

905 나무무위사유부처님
南無無爲思惟佛

906 나무과도견부처님
南無過倒見佛

907 나무명칭왕부처님
南無名稱王佛

908 나무승근부처님
南無勝根佛

909 나무일견부처님
南無日見佛

910 나무덕취위광부처님
南無德聚威光佛

911 나무견평등불평등부처님
南無見平等不平等佛

912 나무혜지군맹부처님
南無慧持群萌佛

913 나무자재열부처님
南無自在悅佛

914 나무자재부처님
南無自在佛

915 나무혜의부처님
南無慧意佛

916 나무덕산부처님
南無德山佛

917 나무이정음의부처님
南無以淨音意佛

918 나무사최존의부처님
南無思最尊意佛

919 나무정덕부처님
南無淨德佛

920 나무계자재부처님
南無戒自在佛

921 나무심후사유부처님
南無深嗅思惟佛

922 나무구소마분신왕부처님
南無拘蘇摩奮迅王佛

923 나무적진사유부처님
南無寂進思惟佛

924 나무사라화상광왕부처님
南無娑羅華上光王佛

925 나무근군맹향부처님
南無勤群萌香佛

926 나무적락부처님
南無寂樂佛

927 나무덕소지부처님
南無德所至佛

928 나무대정진문부처님
南無大精進文佛

929 나무리의부처님
南無離疑佛

930 나무결우부처님
南無決遇佛

931 나무수미산의부처님
南無須彌山意佛

932 나무정신부처님
南無淨身佛

933 나무무구안상광왕부처님
南無無垢眼上光王佛

934 나무능도피안부처님
南無能度彼岸佛

935 나무비로자나공덕장부처님
南無毘盧遮那功德藏佛

936 나무혜촌부처님
南無慧忖佛

937 나무청철의부처님
南無聽徹意佛

938 나무여천열부처님
南無如天悅佛

939 나무사유도부처님
南無思惟度佛

940 나무지대정진구경부처님
南無至大精進究竟佛

941 나무대신부처님
南無大身佛

942 나무잡화부처님
南無雜華佛

943 나무존자재부처님
南無尊自在佛

944 나무여공부처님
南無如空佛

945 나무각선향훈부처님
南無覺善香薰佛

946 나무존상소경부처님
南無尊上所敬佛

947 나무환열부처님
南無歡悅佛

948 나무연화인부처님
南無蓮華人佛

949 나무연화의부처님
南無蓮華意佛

950 나무자재덕장부처님
南無自在德藏佛

951 나무인열부처님
南 無 人 悅 佛

952 나무존의등부처님
南 無 尊 意 燈 佛

953 나무위신소양부처님
南 無 威 神 所 養 佛

954 나무제사유부처님
南 無 諦 思 惟 佛

955 나무해탈혜부처님
南 無 解 脫 慧 佛

956 나무제삼악도부처님
南 無 除 三 惡 道 佛

957 나무택향우명부처님
南 無 澤 香 憂 冥 佛

958 나무단도부처님
南 無 湍 度 佛

959 나무마니청정부처님
南 無 摩 尼 清 淨 佛

960 나무의강자재부처님
南 無 意 彊 自 在 佛

961 나무무외오락부처님
南無無畏娛樂佛

962 나무쾌각부처님
南無快覺佛

963 나무리제욕부처님
南無離諸欲佛

964 나무승화취부처님
南無勝華聚佛

965 나무대결계부처님
南無大結誓佛

966 나무천자재육통음부처님
南無天自在六通音佛

967 나무위신력부처님
南無威神力佛

968 나무인명칭유부처님
南無人名稱柔佛

969 나무단일체중생병부처님
南無斷一切眾生病佛

970 나무최음성부처님
南無最音聲佛

971 나무견의부처님
南無堅意佛

972 나무력통부처님
南無力通佛

973 나무안여연화취무위부처님
南無眼如蓮華趣無爲佛

974 나무쾌단의부처님
南無快斷意佛

975 나무희음성부처님
南無喜音聲佛

976 나무천열부처님
南無天悅佛

977 나무경견부처님
南無竟見佛

978 나무강정진부처님
南無彊精進佛

979 나무단일체장애부처님
南無斷一切障礙佛

980 나무무구사유부처님
南無無垢思惟佛

981 나무취음부처님
南 無 聚 音 佛

982 나무무량원부처님
南 無 無 量 怨 佛

983 나무공덕사악취부처님
南 無 功 德 捨 惡 趣 佛

984 나무무위광풍부처님
南 無 無 爲 光 豊 佛

985 나무오락도부처님
南 無 娛 樂 度 佛

986 나무일승도부처님
南 無 一 乘 度 佛

987 나무조변의부처님
南 無 調 辯 意 佛

988 나무번교부처님
南 無 煩 敎 佛

989 나무의거부처님
南 無 意 車 佛

990 나무덕선광부처님
南 無 德 善 光 佛

991 나무견화부처님
南無堅華佛

992 나무취의부처님
南無聚意佛

993 나무니구류수왕부처님
南無尼拘類樹王佛

994 나무무상중왕부처님
南無無常中王佛

995 나무색여전단부처님
南無色如栴檀佛

996 나무일내부처님
南無日內佛

997 나무덕장부처님
南無德藏佛

998 나무비바시부처님
南無毘婆尸佛

999 나무시기부처님
南無尸棄佛

1000 나무비사부부처님
南無毘舍浮佛

현재현겁천불
現在賢劫千佛

현재현겁천불명경에서 부처님의 명호만 발췌하였습니다.

현겁은 현재의 시대를 말합니다. 경에서는, 만일 불자들이 이 부처님들의 명호를 부르거나 쓰면, 현재 생활이 윤택해질 뿐만 아니라 장차는 성불(成佛)할 수 있다고 가르칩니다.

1. 나무구류손부처님
   南無拘留孫佛

2. 나무구나함모니부처님
   南無拘那含牟尼佛

3. 나무가섭부처님
   南無迦葉佛

4. 나무석가모니부처님
   南無釋迦牟尼佛

5. 나무미륵부처님
   南無彌勒佛

6. 나무사자부처님
   南無師子佛

7. 나무명염부처님
   南無明焰佛

8. 나무모니부처님
   南無牟尼佛

9. 나무묘화부처님
   南無妙華佛

10. 나무화씨부처님
    南無華氏佛

11 나무선숙부처님
南無善宿佛

12 나무도사부처님
南無導師佛

13 나무대비부처님
南無大臂佛

14 나무대력부처님
南無大力佛

15 나무숙왕부처님
南無宿王佛

16 나무수약부처님
南無修藥佛

17 나무명상부처님
南無名相佛

18 나무대명부처님
南無大明佛

19 나무염견부처님
南無焰肩佛

20 나무조요부처님
南無照曜佛

21 나무일장부처님
　南　無　日　藏　佛

22 나무월씨부처님
　南　無　月　氏　佛

23 나무중염부처님
　南　無　衆　焰　佛

24 나무선명부처님
　南　無　善　明　佛

25 나무무우부처님
　南　無　無　憂　佛

26 나무제사부처님
　南　無　提　沙　佛

27 나무명요부처님
　南　無　明　曜　佛

28 나무지만부처님
　南　無　持　鬘　佛

29 나무공덕명부처님
　南　無　功　德　明　佛

30 나무시의부처님
　南　無　示　義　佛

31 나무등요부처님
南 無 燈 曜 佛

32 나무흥성부처님
南 無 興 盛 佛

33 나무약사부처님
南 無 藥 師 佛

34 나무선유부처님
南 無 善 濡 佛

35 나무백호부처님
南 無 白 毫 佛

36 나무견고부처님
南 無 堅 固 佛

37 나무복위덕부처님
南 無 福 威 德 佛

38 나무불가괴부처님
南 無 不 可 壞 佛

39 나무덕상부처님
南 無 德 相 佛

40 나무라후부처님
南 無 羅 睺 佛

41 나무중주부처님
南無眾主佛

42 나무범성부처님
南無梵聲佛

43 나무견제부처님
南無堅際佛

44 나무불고부처님
南無不高佛

45 나무작명부처님
南無作明佛

46 나무대산부처님
南無大山佛

47 나무금강부처님
南無金剛佛

48 나무장중부처님
南無將眾佛

49 나무무외부처님
南無無畏佛

50 나무진보부처님
南無珍寶佛

51 나무화일부처님
南 無 華 日 佛

52 나무군력부처님
南 無 軍 力 佛

53 나무향염부처님
南 無 香 焰 佛

54 나무인애부처님
南 無 仁 愛 佛

55 나무대위덕부처님
南 無 大 威 德 佛

56 나무범왕부처님
南 無 梵 王 佛

57 나무무량명부처님
南 無 無 量 明 佛

58 나무용덕부처님
南 無 龍 德 佛

59 나무견보부처님
南 無 堅 步 佛

60 나무불허견부처님
南 無 不 虛 見 佛

61 나무정진덕부처님
南無精進德佛

62 나무선수부처님
南無善守佛

63 나무환희부처님
南無歡喜佛

64 나무불퇴부처님
南無不退佛

65 나무사자상부처님
南無師子相佛

66 나무승지부처님
南無勝知佛

67 나무법씨부처님
南無法氏佛

68 나무희왕부처님
南無喜王佛

69 나무묘어부처님
南無妙御佛

70 나무애작부처님
南無愛作佛

71 나무덕비부처님
南無德臂佛

72 나무향상부처님
南無香象佛

73 나무관시부처님
南無觀視佛

74 나무운음부처님
南無雲音佛

75 나무선사부처님
南無善思佛

76 나무선고부처님
南無善高佛

77 나무리구부처님
南無離垢佛

78 나무월상부처님
南無月相佛

79 나무대명부처님
南無大名佛

80 나무주계부처님
南無珠髻佛

81 나무위맹부처님
南無威猛佛

82 나무사자후부처님
南無師子吼佛

83 나무덕수부처님
南無德樹佛

84 나무환석부처님
南無歡釋佛

85 나무혜취부처님
南無慧聚佛

86 나무안주부처님
南無安住佛

87 나무유의부처님
南無有意佛

88 나무앙가타부처님
南無鴦伽陀佛

89 나무무량의부처님
南無無量意佛

90 나무묘색부처님
南無妙色佛

91 나무다지부처님
南無多智佛

92 나무광명부처님
南無光明佛

93 나무견계부처님
南無堅戒佛

94 나무길상부처님
南無吉祥佛

95 나무보상부처님
南無寶相佛

96 나무연화부처님
南無蓮華佛

97 나무나라연부처님
南無那羅延佛

98 나무안락부처님
南無安樂佛

99 나무지적부처님
南無智積佛

100 나무덕경부처님
南無德敬佛

101 나무범덕부처님
南 無 梵 德 佛

102 나무보적부처님
南 無 寶 積 佛

103 나무화천부처님
南 無 華 天 佛

104 나무선사의부처님
南 無 善 思 議 佛

105 나무법자재부처님
南 無 法 自 在 佛

106 나무명문의부처님
南 無 名 聞 意 佛

107 나무락설취부처님
南 無 樂 說 聚 佛

108 나무금강상부처님
南 無 金 剛 相 佛

109 나무구이익부처님
南 無 求 利 益 佛

110 나무유희신통부처님
南 無 遊 戲 神 通 佛

111 나무리암부처님
南無離闇佛

112 나무명천부처님
南無名天佛

113 나무미루상부처님
南無彌樓相佛

114 나무중명부처님
南無衆明佛

115 나무보장부처님
南無寶藏佛

116 나무극고행부처님
南無極高行佛

117 나무금강순부처님
南無金剛楯佛

118 나무주각부처님
南無珠角佛

119 나무덕찬부처님
南無德讚佛

120 나무일월명부처님
南無日月明佛

121 나무일명부처님
南無日明佛

122 나무성숙부처님
南無星宿佛

123 나무청정의부처님
南無淸淨義佛

124 나무위람왕부처님
南無違藍王佛

125 나무복장부처님
南無福藏佛

126 나무견유변부처님
南無見有邊佛

127 나무전명부처님
南無電明佛

128 나무금산부처님
南無金山佛

129 나무사자덕부처님
南無師子德佛

130 나무승상부처님
南無勝相佛

131 나무명찬부처님
南 無 明 讚 佛

132 나무견정진부처님
南 無 堅 精 進 佛

133 나무구족찬부처님
南 無 具 足 讚 佛

134 나무리외사부처님
南 無 離 畏 師 佛

135 나무응천부처님
南 無 應 天 佛

136 나무대등부처님
南 無 大 燈 佛

137 나무세명부처님
南 無 世 明 佛

138 나무묘음부처님
南 無 妙 音 佛

139 나무지상공덕부처님
南 無 持 上 功 德 佛

140 나무감신부처님
南 無 紺 身 佛

141 나무사자협부처님
南 無 師 子 頰 佛

142 나무보찬부처님
南 無 寶 讚 佛

143 나무중왕부처님
南 無 衆 王 佛

144 나무유보부처님
南 無 遊 步 佛

145 나무안은부처님
南 無 安 隱 佛

146 나무법차별부처님
南 無 法 差 別 佛

147 나무상존부처님
南 無 上 尊 佛

148 나무극고덕부처님
南 無 極 高 德 佛

149 나무상사자음부처님
南 無 上 師 子 音 佛

150 나무락희부처님
南 無 樂 戲 佛

151 나무룡명부처님
南無龍明佛

152 나무화산부처님
南無華山佛

153 나무룡희부처님
南無龍喜佛

154 나무향자재왕부처님
南無香自在王佛

155 나무보염산부처님
南無寶焰山佛

156 나무천력부처님
南無天力佛

157 나무덕만부처님
南無德鬘佛

158 나무룡수부처님
南無龍首佛

169 나무인장엄부처님
南無因莊嚴佛

160 나무선행의부처님
南無善行意佛

161 나무지승부처님
南無智勝佛

162 나무무량일부처님
南無無量日佛

163 나무실어부처님
南無實語佛

164 나무지거부처님
南無持炬佛

165 나무정의부처님
南無定意佛

166 나무무량형부처님
南無無量形佛

167 나무명조부처님
南無明照佛

168 나무최승등부처님
南無最勝燈佛

169 나무단의부처님
南無斷疑佛

170 나무장엄신부처님
南無莊嚴身佛

171 나무불허보부처님
南 無 不 虛 步 佛

172 나무각오부처님
南 無 覺 悟 佛

173 나무화상부처님
南 無 華 相 佛

174 나무산주왕부처님
南 無 山 主 王 佛

175 나무선위의부처님
南 無 善 威 儀 佛

176 나무편견부처님
南 無 遍 見 佛

177 나무무량명부처님
南 無 無 量 名 佛

178 나무보천부처님
南 無 寶 天 佛

179 나무멸과부처님
南 無 滅 過 佛

180 나무지감로부처님
南 無 持 甘 露 佛

181 나무인월부처님
南 無 人 月 佛

182 나무희견부처님
南 無 喜 見 佛

183 나무장엄부처님
南 無 莊 嚴 佛

184 나무주명부처님
南 無 珠 明 佛

185 나무산정부처님
南 無 山 頂 佛

186 나무도피안부처님
南 無 到 彼 岸 佛

187 나무법적부처님
南 無 法 積 佛

188 나무정의부처님
南 無 定 義 佛

189 나무시원부처님
南 無 施 願 佛

190 나무보취부처님
南 無 寶 聚 佛

191 나무주의부처님
南無住義佛

192 나무만의부처님
南無滿意佛

193 나무상찬부처님
南無上讚佛

194 나무자덕부처님
南無慈德佛

195 나무무구부처님
南無無垢佛

196 나무범천부처님
南無梵天佛

197 나무화명부처님
南無華明佛

198 나무신차별부처님
南無身差別佛

199 나무법명부처님
南無法明佛

200 나무진견부처님
南無盡見佛

201 나무덕정부처님
南無德淨佛

202 나무월면부처님
南無月面佛

203 나무보등부처님
南無寶燈佛

204 나무보당부처님
南無寶瑠佛

205 나무상명부처님
南無上名佛

206 나무작명부처님
南無作名佛

207 나무무량음부처님
南無無量音佛

208 나무위람부처님
南無違藍佛

209 나무사자신부처님
南無師子身佛

210 나무명의부처님
南無明意佛

211 나무무능승부처님
南 無 無 能 勝 佛

212 나무공덕품부처님
南 無 功 德 品 佛

213 나무해혜부처님
南 無 海 慧 佛

214 나무득세부처님
南 無 得 勢 佛

215 나무무변행부처님
南 無 無 邊 行 佛

216 나무개화부처님
南 無 開 華 佛

217 나무정구부처님
南 無 淨 垢 佛

218 나무견일체의부처님
南 無 見 一 切 義 佛

219 나무용력부처님
南 無 勇 力 佛

220 나무부족부처님
南 無 富 足 佛

221 나무복덕부처님
南 無 福 德 佛

222 나무수시부처님
南 無 隨 時 佛

223 나무경음부처님
南 無 慶 音 佛

224 나무공덕경부처님
南 無 功 德 敬 佛

225 나무광의부처님
南 無 廣 意 佛

226 나무선적멸부처님
南 無 善 寂 滅 佛

227 나무재천부처님
南 無 財 天 佛

228 나무정단의부처님
南 無 淨 斷 疑 佛

229 나무무량지부처님
南 無 無 量 持 佛

230 나무묘락부처님
南 無 妙 樂 佛

231 나무불부부처님
南無不負佛

232 나무무주부처님
南無無住佛

233 나무득차가부처님
南無得叉迦佛

234 나무중수부처님
南無眾首佛

235 나무세광부처님
南無世光佛

236 나무다덕부처님
南無多德佛

237 나무불사부처님
南無弗沙佛

238 나무무변위덕부처님
南無無邊威德佛

239 나무의의부처님
南無義意佛

240 나무약왕부처님
南無藥王佛

241 나무단악부처님
南 無 斷 惡 佛

242 나무무열부처님
南 無 無 熱 佛

243 나무선조부처님
南 無 善 調 佛

244 나무명덕부처님
南 無 名 德 佛

245 나무화덕부처님
南 無 華 德 佛

246 나무용득부처님
南 無 勇 得 佛

247 나무금강군부처님
南 無 金 剛 軍 佛

248 나무대덕부처님
南 無 大 德 佛

249 나무적멸의부처님
南 無 寂 滅 意 佛

250 나무무변음부처님
南 無 無 邊 音 佛

251 나무대위광부처님
南無大威光佛

252 나무선주부처님
南無善住佛

253 나무무소부부처님
南無無所負佛

254 나무리의혹부처님
南無離疑惑佛

255 나무전상부처님
南無電相佛

256 나무공경부처님
南無恭敬佛

257 나무위덕수부처님
南無威德守佛

258 나무지일부처님
南無智日佛

259 나무상리부처님
南無上利佛

260 나무수미정부처님
南無須彌頂佛

261 나무정심부처님
南 無 淨 心 佛

262 나무치원적부처님
南 無 治 怨 賊 佛

263 나무리교부처님
南 無 離 憍 佛

264 나무응찬부처님
南 無 應 讚 佛

265 나무지차부처님
南 無 智 次 佛

266 나무나라달부처님
南 無 那 羅 達 佛

267 나무상락부처님
南 無 常 樂 佛

268 나무불소국부처님
南 無 不 少 國 佛

269 나무천명부처님
南 無 天 名 佛

270 나무운덕부처님
南 無 雲 德 佛

271 나무심량부처님
南無甚良佛

272 나무다공덕부처님
南無多功德佛

273 나무보월부처님
南無寶月佛

274 나무장엄정계부처님
南無莊嚴頂髻佛

275 나무락선부처님
南無樂禪佛

276 나무무소소부처님
南無無所少佛

277 나무유희부처님
南無遊戱佛

278 나무덕보부처님
南無德寶佛

279 나무응명칭부처님
南無應名稱佛

280 나무화신부처님
南無華身佛

281 나무대음성부처님
南無大音聲佛

282 나무변재찬부처님
南無辯才讚佛

283 나무금강주부처님
南無金剛珠佛

284 나무무량수부처님
南無無量壽佛

285 나무주장엄부처님
南無珠莊嚴佛

286 나무대왕부처님
南無大王佛

287 나무덕고행부처님
南無德高行佛

288 나무고명부처님
南無高名佛

289 나무백광부처님
南無百光佛

290 나무희열부처님
南無喜悅佛

291 나무룡보부처님
南 無 龍 步 佛

292 나무의원부처님
南 無 意 願 佛

293 나무묘보부처님
南 無 妙 寶 佛

294 나무멸이부처님
南 無 滅 已 佛

295 나무법당부처님
南 無 法 幢 佛

296 나무조어부처님
南 無 調 御 佛

297 나무희자재부처님
南 無 喜 自 在 佛

298 나무보계부처님
南 無 寶 髻 佛

299 나무리산부처님
南 無 離 山 佛

300 나무정천부처님
南 無 淨 天 佛

301 나무화관부처님
南無華冠佛

302 나무정명부처님
南無淨名佛

303 나무위덕적멸부처님
南無威德寂滅佛

304 나무애상부처님
南無愛相佛

305 나무다천부처님
南無多天佛

306 나무수염마부처님
南無須焰摩佛

307 나무천위부처님
南無天威佛

308 나무묘덕왕부처님
南無妙德王佛

309 나무보보부처님
南無寶步佛

310 나무사자분부처님
南無師子分佛

311 나무최존승부처님
南無最尊勝佛

312 나무인왕부처님
南無人王佛

313 나무전단운부처님
南無栴檀雲佛

314 나무감안부처님
南無紺眼佛

315 나무보위덕부처님
南無寶威德佛

316 나무덕승부처님
南無德乘佛

317 나무각상부처님
南無覺想佛

318 나무희장엄부처님
南無喜莊嚴佛

319 나무향제부처님
南無香濟佛

320 나무승혜부처님
南無勝慧佛

321 나무리애부처님
南無離愛佛

322 나무자상부처님
南無慈相佛

323 나무묘향부처님
南無妙香佛

324 나무견개부처님
南無堅鎧佛

325 나무위덕맹부처님
南無威德猛佛

326 나무주개부처님
南無珠鎧佛

327 나무인현부처님
南無仁賢佛

328 나무선서월부처님
南無善逝月佛

329 나무범자재부처님
南無梵自在佛

330 나무사자월부처님
南無師子月佛

331 나무관찰혜부처님
南 無 觀 察 慧 佛

332 나무정생부처님
南 無 正 生 佛

333 나무고승부처님
南 無 高 勝 佛

334 나무일관부처님
南 無 日 觀 佛

335 나무보명부처님
南 無 寶 名 佛

336 나무대정진부처님
南 無 大 精 進 佛

337 나무산광부처님
南 無 山 光 佛

338 나무덕취왕부처님
南 無 德 聚 王 佛

339 나무공양명부처님
南 無 供 養 名 佛

340 나무법찬부처님
南 無 法 讚 佛

341 나무시명부처님
南無施明佛

342 나무전덕부처님
南無電德佛

343 나무보어부처님
南無寶語佛

344 나무구명부처님
南無救命佛

345 나무선계부처님
南無善戒佛

346 나무선중부처님
南無善衆佛

347 나무견고혜부처님
南無堅固慧佛

348 나무파유암부처님
南無破有闇佛

349 나무선승부처님
南無善勝佛

350 나무사자광부처님
南無師子光佛

351 나무조명부처님
南 無 照 明 佛

352 나무보성취부처님
南 無 寶 成 就 佛

353 나무리혜부처님
南 無 利 慧 佛

354 나무주월광부처님
南 無 珠 月 光 佛

355 나무위광부처님
南 無 威 光 佛

356 나무불파론부처님
南 無 不 破 論 佛

357 나무광명왕부처님
南 無 光 明 王 佛

358 나무주륜부처님
南 無 珠 輪 佛

359 나무금강혜부처님
南 無 金 剛 慧 佛

360 나무길수부처님
南 無 吉 手 佛

361 나무선월부처님
南無善月佛

362 나무보염부처님
南無寶焰佛

363 나무라후수부처님
南無羅睺守佛

364 나무락보리부처님
南無樂菩提佛

365 나무등광부처님
南無等光佛

366 나무지적멸부처님
南無至寂滅佛

367 나무세최묘부처님
南無世最妙佛

368 나무자재명부처님
南無自在名佛

369 나무십세력부처님
南無十勢力佛

370 나무희력왕부처님
南無喜力王佛

371 나무덕세력부처님
南無德勢力佛

372 나무최승정부처님
南無最勝頂佛

373 나무대세력부처님
南無大勢力佛

374 나무공덕장부처님
南無功德藏佛

375 나무진행부처님
南無眞行佛

376 나무상안부처님
南無上安佛

377 나무금강지산부처님
南無金剛知山佛

378 나무대광부처님
南無大光佛

379 나무묘덕장부처님
南無妙德藏佛

380 나무광덕부처님
南無廣德佛

381 나무보망엄신부처님
南 無 寶 網 嚴 身 佛

382 나무복덕명부처님
南 無 福 德 明 佛

383 나무조개부처님
南 無 造 鎧 佛

384 나무성수부처님
南 無 成 手 佛

385 나무선화부처님
南 無 善 華 佛

386 나무집보부처님
南 無 集 寶 佛

387 나무대해지부처님
南 無 大 海 智 佛

388 나무지지덕부처님
南 無 持 地 德 佛

389 나무의의맹부처님
南 無 義 意 猛 佛

390 나무선사유부처님
南 無 善 思 惟 佛

391 나무덕륜부처님
南無德輪佛

392 나무보광부처님
南無寶光佛

393 나무리익부처님
南無利益佛

394 나무세월부처님
南無世月佛

395 나무미음부처님
南無美音佛

396 나무범상부처님
南無梵相佛

397 나무중사수부처님
南無衆師首佛

398 나무사자행부처님
南無師子行佛

399 나무난시부처님
南無難施佛

400 나무응공부처님
南無應供佛

401 나무명위덕부처님
南無明威德佛

402 나무대광왕부처님
南無大光王佛

403 나무금강보엄부처님
南無金剛寶嚴佛

404 나무중청정부처님
南無衆清淨佛

405 나무무변명부처님
南無無邊名佛

406 나무불허광부처님
南無不虛光佛

407 나무성천부처님
南無聖天佛

408 나무지왕부처님
南無智王佛

409 나무금강중부처님
南無金剛衆佛

410 나무선장부처님
南無善障佛

411 나무건자부처님
南 無 建 慈 佛

412 나무화국부처님
南 無 華 國 佛

413 나무법의부처님
南 無 法 意 佛

414 나무풍행부처님
南 無 風 行 佛

415 나무선사명부처님
南 無 善 思 明 佛

416 나무다명부처님
南 無 多 明 佛

417 나무밀중부처님
南 無 密 衆 佛

418 나무광왕부처님
南 無 光 王 佛

419 나무공덕수부처님
南 無 功 德 守 佛

420 나무리의부처님
南 無 利 意 佛

421 나무무구부처님
南無無懼佛

422 나무견관부처님
南無堅觀佛

423 나무주법부처님
南無住法佛

424 나무주족부처님
南無珠足佛

425 나무해탈덕부처님
南無解脫德佛

426 나무묘신부처님
南無妙身佛

427 나무수세어언부처님
南無隨世語言佛

428 나무묘지부처님
南無妙智佛

429 나무보덕부처님
南無普德佛

430 나무범재부처님
南無梵財佛

431 나무실음부처님
南無實音佛

432 나무정지부처님
南無正智佛

433 나무력득부처님
南無力得佛

434 나무사자의부처님
南無師子意佛

435 나무정화부처님
南無淨華佛

436 나무희안부처님
南無喜眼佛

437 나무화치부처님
南無華齒佛

438 나무공덕자재당부처님
南無功德自在幢佛

439 나무명보부처님
南無明寶佛

440 나무희유명부처님
南無希有名佛

441 나무상계부처님
南無上戒佛

442 나무리욕부처님
南無離欲佛

443 나무자재천부처님
南無自在天佛

444 나무범수부처님
南無梵壽佛

445 나무일체천부처님
南無一切天佛

446 나무락지부처님
南無樂智佛

447 나무가억념부처님
南無可憶念佛

448 나무주장부처님
南無珠藏佛

449 나무덕류포부처님
南無德流布佛

450 나무대천왕부처님
南無大天王佛

451 나무무박부처님
南 無 無 縛 佛

452 나무견법부처님
南 無 堅 法 佛

453 나무천덕부처님
南 無 天 德 佛

454 나무범모니부처님
南 無 梵 牟 尼 佛

455 나무안상행부처님
南 無 安 詳 行 佛

456 나무근정진부처님
南 無 勤 精 進 佛

457 나무득상미부처님
南 無 得 上 味 佛

458 나무무의덕부처님
南 無 無 依 德 佛

459 나무담복화부처님
南 無 蒼 葍 華 佛

460 나무출생무상공덕부처님
南 無 出 生 無 上 功 德 佛

461 나무선인시위부처님
南無仙人侍衛佛

462 나무제당부처님
南無帝幢佛

463 나무대애부처님
南無大愛佛

464 나무수만색부처님
南無須蔓色佛

465 나무중묘부처님
南無眾妙佛

466 나무가락부처님
南無可樂佛

467 나무세력행부처님
南無勢力行佛

468 나무선정의부처님
南無善定義佛

469 나무우왕부처님
南無牛王佛

470 나무묘비부처님
南無妙臂佛

471 나무대거부처님
南無大車佛

472 나무만원부처님
南無滿願佛

473 나무덕광부처님
南無德光佛

474 나무보음부처님
南無寶音佛

475 나무광당부처님
南無光幢佛

476 나무부귀부처님
南無富貴佛

477 나무사자력부처님
南無師子力佛

478 나무정목부처님
南無淨目佛

479 나무관신부처님
南無觀身佛

480 나무정의부처님
南無淨意佛

481 나무지차제부처님
南 無 知 次 第 佛

482 나무맹위덕부처님
南 無 猛 威 德 佛

483 나무대광명부처님
南 無 大 光 明 佛

484 나무일광요부처님
南 無 日 光 曜 佛

485 나무정장부처님
南 無 淨 藏 佛

486 나무분별위부처님
南 無 分 別 威 佛

487 나무무손부처님
南 無 無 損 佛

488 나무밀일부처님
南 無 密 日 佛

489 나무월광부처님
南 無 月 光 佛

490 나무지명부처님
南 無 持 明 佛

491 나무선적행부처님
南 無 善 寂 行 佛

492 나무부동부처님
南 無 不 動 佛

493 나무대청부처님
南 無 大 請 佛

494 나무덕법부처님
南 無 德 法 佛

495 나무엄토부처님
南 無 嚴 土 佛

496 나무장엄왕부처님
南 無 莊 嚴 王 佛

497 나무고출부처님
南 無 高 出 佛

498 나무염치부처님
南 無 焰 熾 佛

499 나무연화덕부처님
南 無 蓮 華 德 佛

500 나무보엄부처님
南 無 寶 嚴 佛

501 나무고대신부처님
南無高大身佛

502 나무상선부처님
南無上善佛

503 나무보상부처님
南無寶上佛

504 나무무량광부처님
南無無量光佛

505 나무해덕부처님
南無海德佛

506 나무보인수부처님
南無寶印手佛

507 나무월개부처님
南無月蓋佛

508 나무다염부처님
南無多焰佛

509 나무순적멸부처님
南無順寂滅佛

510 나무지칭부처님
南無智稱佛

511 나무지각부처님
南無智覺佛

512 나무공덕광부처님
南無功德光佛

513 나무성유포부처님
南無聲流布佛

514 나무만월부처님
南無滿月佛

515 나무명칭부처님
南無名稱佛

516 나무선계왕부처님
南無善戒王佛

517 나무등왕부처님
南無燈王佛

518 나무전광부처님
南無電光佛

519 나무대염왕부처님
南無大焰王佛

520 나무적제유부처님
南無寂諸有佛

521 나무비사거천부처님
南無毘舍佉天佛

522 나무화장부처님
南無華藏佛

523 나무금강산부처님
南無金剛山佛

524 나무신단엄부처님
南無身端嚴佛

525 나무정의부처님
南無淨義佛

526 나무위맹군부처님
南無威猛軍佛

527 나무지염덕부처님
南無智焰德佛

528 나무력행부처님
南無力行佛

529 나무라후천부처님
南無羅睺天佛

530 나무지취부처님
南無智聚佛

531 나무사자출현부처님
南無師子出現佛

532 나무여왕부처님
南無如王佛

533 나무원만청정부처님
南無圓滿清淨佛

534 나무라후라부처님
南無羅睺羅佛

535 나무대약부처님
南無大藥佛

536 나무청정현부처님
南無清淨賢佛

537 나무제일의부처님
南無第一義佛

538 나무덕수부처님
南無德手佛

539 나무백광명부처님
南無百光明佛

540 나무류포왕부처님
南無流布王佛

541 나무무량공덕부처님
南無無量功德佛

542 나무법장부처님
南無法藏佛

543 나무묘의부처님
南無妙意佛

544 나무덕주부처님
南無德主佛

545 나무최증상부처님
南無最增上佛

546 나무혜정부처님
南無慧頂佛

547 나무승원적부처님
南無勝怨敵佛

548 나무의행부처님
南無意行佛

549 나무범음부처님
南無梵音佛

550 나무해탈부처님
南無解脫佛

551 나무뢰음부처님
南無雷音佛

552 나무통상부처님
南無通相佛

553 나무혜륭부처님
南無慧隆佛

554 나무심자재부처님
南無深自在佛

555 나무대지왕부처님
南無大地王佛

556 나무대우왕부처님
南無大牛王佛

557 나무리타목부처님
南無梨陀目佛

558 나무희유신부처님
南無希有身佛

559 나무실상부처님
南無實相佛

560 나무최존천부처님
南無最尊天佛

561 나무불몰음부처님
南 無 不 沒 音 佛

562 나무보승부처님
南 無 寶 勝 佛

563 나무음덕부처님
南 無 音 德 佛

564 나무장엄사부처님
南 無 莊 嚴 辭 佛

565 나무용지부처님
南 無 勇 智 佛

566 나무화적부처님
南 無 華 積 佛

567 나무화개부처님
南 無 華 開 佛

568 나무무상의왕부처님
南 無 無 上 醫 王 佛

569 나무덕적부처님
南 無 德 積 佛

570 나무상형색부처님
南 無 上 形 色 佛

571 나무 공덕 월 부처님
南 無 功 德 月 佛

572 나무 월 등 부처님
南 無 月 燈 佛

573 나무 위 덕 왕 부처님
南 無 威 德 王 佛

574 나무 보리 왕 부처님
南 無 菩 提 王 佛

575 나무 무 진 부처님
南 無 無 盡 佛

576 나무 보리 안 부처님
南 無 菩 提 眼 佛

577 나무 신 충 만 부처님
南 無 身 充 滿 佛

578 나무 혜 국 부처님
南 無 慧 國 佛

579 나무 최 상 부처님
南 無 最 上 佛

580 나무 청 정 조 부처님
南 無 淸 淨 照 佛

581 나무혜덕부처님
南 無 慧 德 佛

582 나무묘음성부처님
南 無 妙 音 聲 佛

583 나무무애광부처님
南 無 無 礙 光 佛

584 나무무애장부처님
南 無 無 礙 藏 佛

585 나무상시부처님
南 無 上 施 佛

586 나무대존부처님
南 無 大 尊 佛

587 나무지세부처님
南 無 智 勢 佛

588 나무대염부처님
南 無 大 焰 佛

589 나무제왕부처님
南 無 帝 王 佛

590 나무제력부처님
南 無 制 力 佛

591 나무위덕부처님
南無威德佛

592 나무월현부처님
南無月現佛

593 나무명문부처님
南無名聞佛

594 나무단엄부처님
南無端嚴佛

595 나무무진구부처님
南無無塵垢佛

596 나무위의부처님
南無威儀佛

597 나무사자군부처님
南無師子軍佛

598 나무천왕부처님
南無天王佛

599 나무명성부처님
南無名聲佛

600 나무수승부처님
南無殊勝佛

601 나무대장부처님
　　南無大藏佛

602 나무복덕광부처님
　　南無福德光佛

603 나무범문부처님
　　南無梵聞佛

604 나무출제유부처님
　　南無出諸有佛

605 나무지정부처님
　　南無智頂佛

606 나무상천부처님
　　南無上天佛

607 나무지왕부처님
　　南無地王佛

608 나무지해탈부처님
　　南無至解脫佛

609 나무금계부처님
　　南無金髻佛

610 나무라후일부처님
　　南無羅睺日佛

611 나무막능승부처님
南 無 莫 能 勝 佛

612 나무모니정부처님
南 無 牟 尼 淨 佛

613 나무선광부처님
南 無 善 光 佛

614 나무금제부처님
南 無 金 齊 佛

615 나무종덕천왕부처님
南 無 種 德 天 王 佛

616 나무법개부처님
南 無 法 蓋 佛

617 나무용맹명칭부처님
南 無 勇 猛 名 稱 佛

618 나무광명문부처님
南 無 光 明 門 佛

619 나무미묘혜부처님
南 無 美 妙 慧 佛

620 나무미의부처님
南 無 微 意 佛

621 나무제위덕부처님
南無諸威德佛

622 나무사자계부처님
南無師子嚳佛

623 나무해탈상부처님
南無解脫相佛

624 나무혜장부처님
南無慧藏佛

625 나무사라왕부처님
南無娑羅王佛

626 나무위상부처님
南無威相佛

627 나무단류부처님
南無斷流佛

628 나무무애찬부처님
南無無礙讚佛

629 나무소작이변부처님
南無所作已辨佛

630 나무선음부처님
南無善音佛

631 나무산왕상부처님
南無山王相佛

632 나무법정부처님
南無法頂佛

633 나무무능영폐부처님
南無無能暎蔽佛

634 나무선단엄부처님
南無善端嚴佛

635 나무길신부처님
南無吉身佛

636 나무애어부처님
南無愛語佛

637 나무사자리부처님
南無師子利佛

638 나무화루나부처님
南無和樓那佛

639 나무사자법부처님
南無師子法佛

640 나무법력부처님
南無法力佛

641 나무애락부처님
南無愛樂佛

642 나무찬부동부처님
南無讚不動佛

643 나무중명왕부처님
南無衆明王佛

644 나무각오중생부처님
南無覺悟衆生佛

645 나무묘명부처님
南無妙明佛

646 나무의주의부처님
南無意住義佛

647 나무광조부처님
南無光照佛

648 나무향덕부처님
南無香德佛

649 나무령희부처님
南無令喜佛

650 나무일성취부처님
南無日成就佛

651 나무멸에부처님
南 無 滅 恚 佛

652 나무상색부처님
南 無 上 色 佛

653 나무선보부처님
南 無 善 步 佛

654 나무대음찬부처님
南 無 大 音 讚 佛

655 나무정원부처님
南 無 淨 願 佛

656 나무일천부처님
南 無 日 天 佛

657 나무락혜부처님
南 無 樂 慧 佛

658 나무섭신부처님
南 無 攝 身 佛

659 나무위덕세부처님
南 無 威 德 勢 佛

660 나무찰리부처님
南 無 刹 利 佛

661 나무중회왕부처님
南無衆會王佛

662 나무상금부처님
南無上金佛

663 나무해탈계부처님
南無解脫髻佛

664 나무락법부처님
南無樂法佛

665 나무주행부처님
南無住行佛

666 나무사교만부처님
南無捨憍慢佛

667 나무지장부처님
南無智藏佛

668 나무범행부처님
南無梵行佛

669 나무전단부처님
南無栴檀佛

670 나무무우명부처님
南無無憂名佛

671 나무단엄신부처님
南無端嚴身佛

672 나무상국부처님
南無相國佛

673 나무민지부처님
南無敏持佛

674 나무무변덕부처님
南無無邊德佛

675 나무천광부처님
南無天光佛

676 나무혜화부처님
南無慧華佛

677 나무빈두마부처님
南無頻頭摩佛

678 나무지부부처님
南無智富佛

679 나무대원광부처님
南無大願光佛

680 나무보수부처님
南無寶手佛

681 나무정근부처님
南 無 淨 根 佛

682 나무구족론부처님
南 無 具 足 論 佛

683 나무상론부처님
南 無 上 論 佛

684 나무불퇴지부처님
南 無 不 退 地 佛

685 나무법자재불허부처님
南 無 法 自 在 不 虛 佛

686 나무유일부처님
南 無 有 日 佛

687 나무출니부처님
南 無 出 泥 佛

688 나무득지부처님
南 無 得 智 佛

689 나무상길부처님
南 無 上 吉 佛

690 나무모라부처님
南 無 謨 羅 佛

691 나무법락부처님
南無法樂佛

692 나무구승부처님
南無求勝佛

693 나무지혜부처님
南無智慧佛

694 나무선성부처님
南無善聖佛

695 나무망광부처님
南無網光佛

696 나무유리장부처님
南無瑠璃藏佛

697 나무선천부처님
南無善天佛

698 나무리적부처님
南無利寂佛

699 나무교화부처님
南無教化佛

700 나무보수순자재부처님
南無普隨順自在佛

701 나무견고고행부처님
南無堅固苦行佛

702 나무중덕상명부처님
南無眾德上明佛

703 나무보덕부처님
南無寶德佛

704 나무일체선우부처님
南無一切善友佛

705 나무해탈음부처님
南無解脫音佛

706 나무감로명부처님
南無甘露明佛

707 나무유희왕부처님
南無遊戲王佛

708 나무멸사곡부처님
南無滅邪曲佛

709 나무일체주부처님
南無一切主佛

710 나무담복정광부처님
南無薝蔔淨光佛

711 나무산왕부처님
南無山王佛

712 나무적멸부처님
南無寂滅佛

713 나무덕취부처님
南無德聚佛

714 나무구중덕부처님
南無具衆德佛

715 나무최승월부처님
南無最勝月佛

716 나무선시부처님
南無善施佛

717 나무주본부처님
南無住本佛

718 나무공덕위취부처님
南無功德威聚佛

719 나무지무등부처님
南無智無等佛

720 나무감로음부처님
南無甘露音佛

721 나무선수부처님
南無善手佛

722 나무집명거부처님
南無執明炬佛

723 나무사해탈의부처님
南無思解脫義佛

724 나무승음부처님
南無勝音佛

725 나무리타행부처님
南無梨陀行佛

726 나무선의부처님
南無善義佛

727 나무무과부처님
南無無過佛

728 나무행선부처님
南無行善佛

729 나무수묘신부처님
南無殊妙身佛

730 나무묘광부처님
南無妙光佛

731 나무락설부처님
南無樂說佛

732 나무선제부처님
南無善濟佛

733 나무불가설부처님
南無不可說佛

734 나무최청정부처님
南無最清淨佛

735 나무락지부처님
南無樂知佛

736 나무변재일부처님
南無辯才日佛

737 나무파타군부처님
南無破他軍佛

738 나무보월명부처님
南無寶月明佛

739 나무상의부처님
南無上意佛

740 나무우안중생부처님
南無友安衆生佛

741 나무대견부처님
南 無 大 見 佛

742 나무무외음부처님
南 無 無 畏 音 佛

743 나무수천덕부처님
南 無 水 天 德 佛

744 나무혜제부처님
南 無 慧 濟 佛

745 나무무등의부처님
南 無 無 等 意 佛

746 나무부동혜광부처님
南 無 不 動 慧 光 佛

747 나무보리의부처님
南 無 菩 提 意 佛

748 나무수왕부처님
南 無 樹 王 佛

749 나무반타음부처님
南 無 槃 陀 音 佛

750 나무복덕력부처님
南 無 福 德 力 佛

751 나무세덕부처님
南無勢德佛

752 나무성애부처님
南無聖愛佛

753 나무세행부처님
南無勢行佛

754 나무호박부처님
南無琥珀佛

755 나무뢰음운부처님
南無雷音雲佛

756 나무선애목부처님
南無善愛目佛

757 나무선지부처님
南無善智佛

758 나무구족부처님
南無具足佛

759 나무화승부처님
南無華勝佛

760 나무대음부처님
南無大音佛

761 나무법상부처님
南無法相佛

762 나무지음부처님
南無智音佛

763 나무허공부처님
南無虛空佛

764 나무사음부처님
南無祠音佛

765 나무혜음차별부처님
南無慧音差別佛

766 나무월염부처님
南無月焰佛

767 나무성왕부처님
南無聖王佛

768 나무중의부처님
南無衆意佛

769 나무변재륜부처님
南無辯才輪佛

770 나무선적부처님
南無善寂佛

771 나무불퇴혜부처님
南無不退慧佛

772 나무일명부처님
南無日名佛

773 나무무착혜부처님
南無無著慧佛

774 나무공덕집부처님
南無功德集佛

775 나무화덕상부처님
南無華德相佛

776 나무변재국부처님
南無辯才國佛

777 나무보시부처님
南無寶施佛

778 나무애월부처님
南無愛月佛

779 나무집공덕온부처님
南無集功德蘊佛

780 나무멸악취부처님
南無滅惡趣佛

781 나무자재왕부처님
南 無 自 在 王 佛

782 나무무량정부처님
南 無 無 量 淨 佛

783 나무등정부처님
南 無 等 定 佛

784 나무불괴부처님
南 無 不 壞 佛

785 나무멸구부처님
南 無 滅 垢 佛

786 나무불실방편부처님
南 無 不 失 方 便 佛

787 나무무요부처님
南 無 無 嬈 佛

788 나무묘면부처님
南 無 妙 面 佛

789 나무지제주부처님
南 無 智 制 住 佛

790 나무법사왕부처님
南 無 法 師 王 佛

791 나무대천부처님
南無大天佛

792 나무심의부처님
南無深意佛

793 나무무량부처님
南無無量佛

794 나무무애견부처님
南無無礙見佛

795 나무세공양부처님
南無世供養佛

796 나무보산화부처님
南無普散華佛

797 나무삼세공부처님
南無三世供佛

798 나무응일장부처님
南無應日藏佛

799 나무천공양부처님
南無天供養佛

800 나무상지인부처님
南無上智人佛

801 나무진계부처님
南無眞誓佛

802 나무신감로부처님
南無信甘露佛

803 나무불착상부처님
南無不著相佛

804 나무리분별해부처님
南無離分別海佛

805 나무보견명부처님
南無寶肩明佛

806 나무리타보부처님
南無梨陀步佛

807 나무수일부처님
南無隨日佛

808 나무청정부처님
南無淸淨佛

809 나무명력부처님
南無明力佛

810 나무공덕취부처님
南無功德聚佛

811 나무구족덕부처님
南 無 具 足 德 佛

812 나무단엄해부처님
南 無 端 嚴 海 佛

813 나무수미산부처님
南 無 須 彌 山 佛

814 나무화시부처님
南 無 華 施 佛

815 나무무착지부처님
南 無 無 著 智 佛

816 나무무변좌부처님
南 無 無 邊 座 佛

817 나무애지부처님
南 無 愛 智 佛

818 나무반타엄부처님
南 無 槃 陀 嚴 佛

819 나무청정주부처님
南 無 清 淨 住 佛

820 나무생법부처님
南 無 生 法 佛

821 나무상명부처님
南無相明佛

822 나무사유락부처님
南無思惟樂佛

823 나무락해탈부처님
南無樂解脫佛

824 나무지도리부처님
南無知道理佛

825 나무다문해부처님
南無多聞海佛

826 나무지화부처님
南無持華佛

827 나무불수세부처님
南無不隨世佛

828 나무희중부처님
南無喜眾佛

829 나무공작음부처님
南無孔雀音佛

830 나무불퇴몰부처님
南無不退沒佛

831 나무단유애구부처님
南無斷有愛垢佛

832 나무위의제부처님
南無威儀濟佛

833 나무제천류포부처님
南無諸天流布佛

834 나무수사행부처님
南無隨師行佛

835 나무화수부처님
南無華手佛

836 나무최상시부처님
南無最上施佛

837 나무파원적부처님
南無破怨賊佛

838 나무부다문부처님
南無富多聞佛

839 나무묘국부처님
南無妙國佛

840 나무치성왕부처님
南無熾盛王佛

841 나무사자지부처님
南無師子智佛

842 나무월출부처님
南無月出佛

843 나무멸암부처님
南無滅闇佛

844 나무무동부처님
南無無動佛

845 나무차제행부처님
南無次第行佛

846 나무음성치부처님
南無音聲治佛

847 나무교담부처님
南無憍曇佛

848 나무세력부처님
南無勢力佛

849 나무신심주부처님
南無身心住佛

850 나무상월부처님
南無常月佛

851 나무각의화부처님
南無覺意華佛

852 나무요익왕부처님
南無饒益王佛

853 나무선위덕부처님
南無善威德佛

854 나무지력덕부처님
南無智力德佛

855 나무선등부처님
南無善燈佛

856 나무견행부처님
南無堅行佛

857 나무천음부처님
南無天音佛

858 나무복덕등부처님
南無福德燈佛

859 나무일면부처님
南無日面佛

860 나무부동취부처님
南無不動聚佛

861 나무계명부처님
南 無 戒 明 佛

862 나무주계부처님
南 無 住 戒 佛

863 나무보섭수부처님
南 無 普 攝 受 佛

864 나무견출부처님
南 無 堅 出 佛

865 나무안사나부처님
南 無 安 闍 那 佛

866 나무증익부처님
南 無 增 益 佛

867 나무향명부처님
南 無 香 明 佛

868 나무위람명부처님
南 無 違 藍 明 佛

869 나무염왕부처님
南 無 念 王 佛

870 나무밀발부처님
南 無 密 鉢 佛

871 나무무애상부처님
南無無礙相佛

872 나무지묘도부처님
南無至妙道佛

873 나무신계부처님
南無信戒佛

874 나무락실부처님
南無樂實佛

875 나무명법부처님
南無明法佛

876 나무구위덕부처님
南無具威德佛

877 나무대자부처님
南無大慈佛

878 나무상자부처님
南無上慈佛

879 나무요익혜부처님
南無饒益慧佛

880 나무감로왕부처님
南無甘露王佛

881 나무미루명부처님
南 無 彌 樓 明 佛

882 나무성찬부처님
南 無 聖 讚 佛

883 나무광조부처님
南 無 廣 照 佛

884 나무지수부처님
南 無 持 壽 佛

885 나무견명부처님
南 無 見 明 佛

886 나무선행보부처님
南 無 善 行 報 佛

887 나무선희부처님
南 無 善 喜 佛

888 나무무멸부처님
南 無 無 滅 佛

889 나무보명부처님
南 無 寶 明 佛

890 나무구족명칭부처님
南 無 具 足 名 稱 佛

891 나무락복덕부처님
南無樂福德佛

892 나무공덕해부처님
南無功德海佛

893 나무진상부처님
南無盡相佛

894 나무단마부처님
南無斷魔佛

895 나무진마부처님
南無盡魔佛

896 나무과쇠도부처님
南無過衰道佛

897 나무불괴의부처님
南無不壞意佛

898 나무수왕부처님
南無水王佛

899 나무정마부처님
南無淨魔佛

900 나무중상왕부처님
南無衆上王佛

901 나무애명부처님
南無愛明佛

902 나무복등부처님
南無福燈佛

903 나무보리상부처님
南無菩提相佛

904 나무대위력부처님
南無大威力佛

905 나무선멸부처님
南無善滅佛

906 나무범명부처님
南無梵命佛

907 나무지희부처님
南無智喜佛

908 나무신상부처님
南無神相佛

909 나무여중왕부처님
南無如衆王佛

910 나무종종색상부처님
南無種種色相佛

911 나무애일부처님
南無愛日佛

912 나무라후월부처님
南無羅睺月佛

913 나무무상혜부처님
南無無相慧佛

914 나무약사상부처님
南無藥師上佛

915 나무지세력부처님
南無持勢力佛

916 나무염혜부처님
南無焰慧佛

917 나무희명부처님
南無喜明佛

918 나무호음부처님
南無好音佛

919 나무부동천부처님
南無不動天佛

920 나무묘덕난사부처님
南無妙德難思佛

921 나무선업부처님
南無善業佛

922 나무의무류부처님
南無意無謬佛

923 나무대시부처님
南無大施佛

924 나무명찬부처님
南無名讚佛

925 나무중상부처님
南無眾相佛

926 나무해탈월부처님
南無解脫月佛

927 나무세자재부처님
南無世自在佛

928 나무무상왕부처님
南無無上王佛

929 나무멸치부처님
南無滅癡佛

930 나무단언론부처님
南無斷言論佛

931 나무범공양부처님
南無梵供養佛

932 나무무변변상부처님
南無無邊辯相佛

933 나무리타법부처님
南無梨陀法佛

934 나무응공양부처님
南無應供養佛

935 나무도우부처님
南無度憂佛

936 나무락안부처님
南無樂安佛

937 나무세의부처님
南無世意佛

938 나무애신부처님
南無愛身佛

939 나무묘족부처님
南無妙足佛

940 나무우발라부처님
南無優鉢羅佛

941 나무화영부처님
南無華瓔佛

942 나무무변변광부처님
南無無邊辯光佛

943 나무신성부처님
南無信聖佛

944 나무덕정진부처님
南無德精進佛

945 나무진실부처님
南無眞實佛

946 나무천주부처님
南無天主佛

947 나무락고음부처님
南無樂高音佛

948 나무신정부처님
南無信淨佛

949 나무파기라타부처님
南無婆耆羅陀佛

950 나무복덕의부처님
南無福德意佛

951 나무불순부처님
南無不瞬佛

952 나무순선고부처님
南無順先古佛

953 나무취성부처님
南無聚成佛

954 나무사자유부처님
南無師子遊佛

955 나무최상업부처님
南無最上業佛

956 나무신청정부처님
南無信清淨佛

957 나무행명부처님
南無行明佛

958 나무룡음부처님
南無龍音佛

959 나무지륜부처님
南無持輪佛

960 나무재성부처님
南無財成佛

961 나무세애부처님
南無世愛佛

962 나무제사부처님
南無提舍佛

963 나무무량보명부처님
南無無量寶名佛

964 나무운상부처님
南無雲相佛

965 나무혜도부처님
南無慧道佛

966 나무순법지부처님
南無順法智佛

967 나무허공음부처님
南無虛空音佛

968 나무선안부처님
南無善眼佛

969 나무무승천부처님
南無無勝天佛

970 나무주정부처님
南無珠淨佛

971 나무선재부처님
南無善財佛

972 나무등염부처님
南無燈焰佛

973 나무보음성부처님
南無寶音聲佛

974 나무인주왕부처님
南無人主王佛

975 나무부사의공덕광부처님
南無不思議功德光佛

976 나무수법행부처님
南無隨法行佛

977 나무무량현부처님
南無無量賢佛

978 나무보명문부처님
南無寶名聞佛

979 나무득리부처님
南無得利佛

980 나무세화부처님
南無世華佛

981 나무고정부처님
南 無 高 頂 佛

982 나무무변변재성부처님
南 無 無 邊 辯 才 成 佛

983 나무차별지견부처님
南 無 差 別 知 見 佛

984 나무사자아부처님
南 無 師 子 牙 佛

985 나무법등개부처님
南 無 法 燈 蓋 佛

986 나무목건연부처님
南 無 目 犍 連 佛

987 나무무우국부처님
南 無 無 憂 國 佛

988 나무의사부처님
南 無 意 思 佛

989 나무법천경부처님
南 無 法 天 敬 佛

990 나무단세력부처님
南 無 斷 勢 力 佛

991 나무극세력부처님
南 無 極 勢 力 佛

992 나무멸탐부처님
南 無 滅 貪 佛

993 나무견음부처님
南 無 堅 音 佛

994 나무선혜부처님
南 無 善 慧 佛

995 나무묘의부처님
南 無 妙 義 佛

996 나무애정부처님
南 無 愛 淨 佛

997 나무참괴안부처님
南 無 慚 愧 顔 佛

998 나무묘계부처님
南 無 妙 髻 佛

999 나무욕락부처님
南 無 欲 樂 佛

1000 나무루지부처님
南 無 樓 至 佛

미래성수겁천불
未來星宿劫千佛

미래성수겁천불명경에서 부처님의 명호만 발췌하였습니다.

성수겁은 현재의 세계가 이후에 전개되는 시대를 말합니다. 경에서는, 만일 불자들이 이 부처님들의 명호를 부르거나 쓰면, 극락세계에 태어나거나 장차 성불(成佛)할 수 있다고 가르칩니다.

1 나무일광부처님
南無日光佛

2 나무룡위부처님
南無龍威佛

3 나무화암부처님
南無華嚴佛

4 나무왕중왕부처님
南無王中王佛

5 나무아수륜왕호부처님
南無阿須輪王護佛

6 나무작길상부처님
南無作吉祥佛

7 나무사자혜부처님
南無師子慧佛

8 나무보의부처님
南無寶意佛

9 나무성판사부처님
南無成辦事佛

10 나무성판사견근원부처님
南無成辦事見根原佛

11 나무종성화부처님
南 無 種 姓 華 佛

12 나무고뢰음부처님
南 無 高 雷 音 佛

13 나무무비변부처님
南 無 無 比 辯 佛

14 나무지혜자재부처님
南 無 智 慧 自 在 佛

15 나무칭성부처님
南 無 稱 成 佛

16 나무위회보부처님
南 無 威 懷 步 佛

17 나무복덕광명부처님
南 無 福 德 光 明 佛

18 나무월마니광왕부처님
南 無 月 摩 尼 光 王 佛

19 나무목건연성부처님
南 無 目 犍 連 性 佛

20 나무무우촌부처님
南 無 無 憂 忖 佛

21 나무사유지혜부처님
南無思惟智慧佛

22 나무의지부처님
南無意智佛

23 나무제천공양법부처님
南無諸天供養法佛

24 나무용한부처님
南無勇悍佛

25 나무무한력부처님
南無無限力佛

26 나무지혜화부처님
南無智慧華佛

27 나무강음부처님
南無彊音佛

28 나무환락부처님
南無歡樂佛

29 나무설의부처님
南無說義佛

30 나무정회부처님
南無淨懷佛

31 나무사자구부처님
南無師子口佛

32 나무호결부처님
南無好結佛

33 나무불취제법부처님
南無不取諸法佛

34 나무파두마상성숙왕부처님
南無波頭摩上星宿王佛

35 나무상미류당왕부처님
南無上彌留幢王佛

36 나무인타라당왕부처님
南無因陀羅幢王佛

37 나무향음부처님
南無香音佛

38 나무상광명부처님
南無常光明佛

39 나무전단상호부처님
南無栴檀相好佛

40 나무무한고부처님
南無無限高佛

41 나무연화당부처님
南無蓮華幢佛

42 나무연화화생부처님
南無蓮華化生佛

43 나무미세화부처님
南無微細華佛

44 나무아갈류향부처님
南無阿竭留香佛

45 나무대용부처님
南無大勇佛

46 나무전단상호광명부처님
南無栴檀相好光明佛

47 나무은당개부처님
南無銀幢蓋佛

48 나무대해의부처님
南無大海意佛

49 나무번당호부처님
南無旛幢好佛

50 나무범왕덕부처님
南無梵王德佛

51 나무대향훈부처님
南 無 大 香 熏 佛

52 나무대용현부처님
南 無 大 勇 現 佛

53 나무보륜부처님
南 無 寶 輪 佛

54 나무발행난부처님
南 無 發 行 難 佛

55 나무무소발행부처님
南 無 無 所 發 行 佛

56 나무금보옹부처님
南 無 金 寶 甕 佛

57 나무천망부처님
南 無 天 輞 佛

58 나무언종부처님
南 無 言 從 佛

59 나무상우화부처님
南 無 常 雨 華 佛

60 나무대호락부처님
南 無 大 好 樂 佛

61 나무사자상향부처님
南無師子上香佛

62 나무마천상호부처님
南無魔天相好佛

63 나무제석광명부처님
南無帝釋光明佛

64 나무대상호부처님
南無大相好佛

65 나무사자화호부처님
南無師子華好佛

66 나무적멸당번부처님
南無寂滅幢幡佛

67 나무지계왕부처님
南無持戒王佛

68 나무상호익종부처님
南無相好翼從佛

69 나무익종면수부처님
南無翼從面首佛

70 나무무우상호부처님
南無無憂相好佛

71 나무보개연화신부처님
南 無 普 開 蓮 華 身 佛

72 나무대지부처님
南 無 大 地 佛

73 나무대력룡익종호부처님
南 無 大 力 龍 翼 從 好 佛

74 나무정행왕부처님
南 無 淨 行 王 佛

75 나무대유희부처님
南 無 大 遊 戲 佛

76 나무연화위부처님
南 無 蓮 華 威 佛

77 나무방사화부처님
南 無 放 捨 華 佛

78 나무상관부처님
南 無 常 觀 佛

79 나무법체결정부처님
南 無 法 體 決 定 佛

80 나무작직행부처님
南 無 作 直 行 佛

81 나무부정원부처님
南無不定願佛

82 나무선주제원부처님
南無善住諸願佛

83 나무무상중상부처님
南無無常中上佛

84 나무월위부처님
南無月威佛

85 나무전단색부처님
南無栴檀色佛

86 나무일공부처님
南無日空佛

87 나무위상복부처님
南無威相腹佛

88 나무파번뇌부처님
南無破煩惱佛

89 나무실법광칭부처님
南無實法廣稱佛

90 나무세간희부처님
南無世間喜佛

91 나무보칭부처님
南 無 寶 稱 佛

92 나무난승복부처님
南 無 難 勝 伏 佛

93 나무호관부처님
南 無 好 觀 佛

94 나무용흥부처님
南 無 勇 興 佛

95 나무익종수부처님
南 無 翼 從 樹 佛

96 나무리우위부처님
南 無 狸 牛 威 佛

97 나무천중천부처님
南 無 天 中 天 佛

98 나무사자당부처님
南 無 師 子 幢 佛

99 나무지혜위부처님
南 無 智 慧 威 佛

100 나무무저위부처님
南 無 無 底 威 佛

101 나무덕풍부처님
南無德豐佛

102 나무후덕부처님
南無厚德佛

103 나무무념시현제행부처님
南無無念示現諸行佛

104 나무무생부처님
南無無生佛

105 나무무상광부처님
南無無上光佛

106 나무산덕부처님
南無山德佛

107 나무출현부처님
南無出現佛

108 나무복덕부처님
南無服德佛

109 나무무량선근성취제행부처님
南無無量善根成就諸行佛

110 나무대강부처님
南無大講佛

111 나무부주분신부처님
南無不住奮迅佛

112 나무보수부처님
南無寶樹佛

113 나무보비부처님
南無普悲佛

114 나무덕양부처님
南無德養佛

115 나무대전부처님
南無大轉佛

116 나무절중생의왕부처님
南無絶衆生疑王佛

117 나무일도부처님
南無一道佛

118 나무보개부처님
南無普蓋佛

119 나무대개부처님
南無大蓋佛

120 나무최덕부처님
南無最德佛

121 나무천근부처님
南無千近佛

122 나무보련화용부처님
南無寶蓮華勇佛

123 나무리세간부처님
南無離世間佛

124 나무번당부처님
南無幡幢佛

125 나무보월덕부처님
南無寶月德佛

126 나무복수왕부처님
南無服樹王佛

127 나무존덕부처님
南無尊德佛

128 나무보련화부처님
南無普蓮華佛

129 나무등덕부처님
南無等德佛

130 나무룡중밀부처님
南無龍中蜜佛

131 나무대해심승부처님
南無大海深勝佛

132 나무무량보개부처님
南無無量寶蓋佛

133 나무무표식부처님
南無無表識佛

134 나무수미신부처님
南無須彌身佛

135 나무허공암부처님
南無虛空巖佛

136 나무강칭왕부처님
南無彊稱王佛

137 나무방광부처님
南無放光佛

138 나무무염탁부처님
南無無染濁佛

139 나무재화취덕부처님
南無在華聚德佛

140 나무리공의모불수부처님
南無離恐衣毛不竪佛

141 나무무상성부처님
南 無 無 相 聲 佛

142 나무전목안부처님
南 無 電 目 眼 佛

143 나무보실부처님
南 無 寶 室 佛

144 나무허공성숙증상부처님
南 無 虛 空 星 宿 增 上 佛

145 나무중존취부처님
南 無 衆 尊 聚 佛

146 나무산왕신부처님
南 無 山 王 身 佛

147 나무일개부처님
南 無 一 蓋 佛

148 나무능굴복부처님
南 無 能 屈 腹 佛

149 나무전단궁부처님
南 無 栴 檀 宮 佛

150 나무파두마수제분신통부처님
南 無 波 頭 摩 樹 提 奮 迅 通 佛

151 나무광망부처님
南無光網佛

152 나무홍련화부처님
南無紅蓮華佛

153 나무선현광부처님
南無善現光佛

154 나무혜화보광멸부처님
南無慧華寶光滅佛

155 나무산중외부처님
南無散衆畏佛

156 나무무구광명부처님
南無無垢光明佛

157 나무안왕부처님
南無安王佛

158 나무법공부처님
南無法空佛

159 나무출천광부처님
南無出千光佛

160 나무과천광부처님
南無過千光佛

161 나무경계자재부처님
南 無 境 界 自 在 佛

162 나무출현광부처님
南 無 出 顯 光 佛

163 나무선행부처님
南 無 善 行 佛

164 나무무능굴성부처님
南 無 無 能 屈 聲 佛

165 나무원리포외모수부처님
南 無 遠 離 怖 畏 毛 竪 佛

166 나무라타나야나부처님
南 無 寶 智 佛

167 나무진적정부처님
南 無 進 寂 靜 佛

168 나무무량익종부처님
南 無 無 量 翼 從 佛

169 나무세간가락부처님
南 無 世 間 可 樂 佛

170 나무주혜부처님
南 無 住 慧 佛

171 나무능인선부처님
南無能仁僊佛

172 나무혜칭부처님
南無慧稱佛

173 나무제수왕부처님
南無諸樹王佛

174 나무무구운왕부처님
南無無垢雲王佛

175 나무수세간의부처님
南無隨世間意佛

176 나무보실부처님
南無寶實佛

177 나무리우칭부처님
南無離愚稱佛

178 나무덕현부처님
南無德現佛

179 나무보애부처님
南無寶愛佛

180 나무부당정진부처님
南無不唐精進佛

181 나무향훈광부처님
南 無 香 熏 光 佛

182 나무무능굴향광부처님
南 無 無 能 屈 香 光 佛

183 나무중강왕부처님
南 無 衆 彊 王 佛

184 나무출수미산정부처님
南 無 出 須 彌 山 頂 佛

185 나무종보출덕부처님
南 無 從 寶 出 德 佛

186 나무연화상부처님
南 無 蓮 華 上 佛

187 나무종보출부처님
南 無 從 寶 出 佛

188 나무향광부처님
南 無 香 光 佛

189 나무칭원방부처님
南 無 稱 遠 方 佛

190 나무장향자재부처님
南 無 藏 香 自 在 佛

191 나무운뢰왕부처님
南無雲雷王佛

192 나무무제광부처님
南無無際光佛

193 나무무량혜성부처님
南無無量慧成佛

194 나무종종무량행부처님
南無種種無量行佛

195 나무무량덕광왕부처님
南無無量德光王佛

196 나무존취부처님
南無尊聚佛

197 나무각화부덕부처님
南無覺華剖德佛

188 나무각화부상왕부처님
南無覺華剖上王佛

199 나무보체부처님
南無寶體佛

200 나무무당칭부처님
南無無唐稱佛

201 나무공발의부처님
南無共發意佛

202 나무장엄일체의부처님
南無莊嚴一切意佛

203 나무개연화보부처님
南無蓋蓮華寶佛

204 나무광륜성왕부처님
南無光輪成王佛

205 나무덕왕광부처님
南無德王光佛

206 나무과일체덕부처님
南無過一切德佛

207 나무등광행부처님
南無燈光行佛

208 나무성작광부처님
南無成作光佛

209 나무강선부처님
南無江僊佛

210 나무보형부처님
南無寶形佛

211 나무승호부처님
南無勝護佛

212 나무혜연화덕부처님
南無慧蓮華德佛

213 나무범공덕천왕부처님
南無梵功德天王佛

214 나무무량안부처님
南無無量顔佛

215 나무무취회왕부처님
南無無聚會王佛

216 나무보신부처님
南無寶身佛

217 나무수왕중왕부처님
南無樹王中王佛

218 나무라망수부처님
南無羅網手佛

219 나무마니륜부처님
南無摩尼輪佛

220 나무무량덕개부처님
南無無量德鎧佛

221 나무세음부처님
南 無 世 音 佛

222 나무수미산광부처님
南 無 須 彌 山 光 佛

223 나무과상보부처님
南 無 過 上 步 佛

224 나무유보연화덕부처님
南 無 由 寶 蓮 華 德 佛

225 나무작제부처님
南 無 作 際 佛

226 나무중생소희개부처님
南 無 眾 生 所 憙 鎧 佛

227 나무상보개부처님
南 無 上 寶 蓋 佛

228 나무무량개부처님
南 無 無 量 蓋 佛

229 나무익종부처님
南 無 翼 從 佛

230 나무월현덕부처님
南 無 月 現 德 佛

231 나무이발의능전륜부처님
南無以發意能轉輪佛

232 나무통달의부처님
南無通達義佛

233 나무리광야왕부처님
南無離曠野王佛

234 나무일륜광부처님
南無日輪光佛

235 나무해탈위덕부처님
南無解脫威德佛

236 나무혜공덕부처님
南無慧功德佛

237 나무중생왕중립부처님
南無衆生王中立佛

238 나무무능굴복부처님
南無無能屈服佛

239 나무허공보부처님
南無虛空步佛

240 나무구소마통부처님
南無俱蘇摩通佛

241 나무무비개부처님
南 無 無 比 鎧 佛

242 나무광륜당덕왕부처님
南 無 光 輪 幢 德 王 佛

243 나무인연조부처님
南 無 因 緣 助 佛

244 나무만다라부처님
南 無 曼 陀 羅 佛

245 나무정당부처님
南 無 淨 幢 佛

246 나무금강소수용부처님
南 無 金 剛 所 須 用 佛

247 나무혜정부처님
南 無 慧 淨 佛

248 나무선구부처님
南 無 善 求 佛

249 나무선토개부처님
南 無 善 討 鎧 佛

250 나무승복원부처님
南 無 勝 伏 怨 佛

251 나무정성부처님
南 無 淨 聖 佛

252 나무명칭력왕부처님
南 無 名 稱 力 王 佛

253 나무무량광향부처님
南 無 無 量 光 香 佛

254 나무수미산왕부처님
南 無 須 彌 山 王 佛

255 나무종종화부처님
南 無 種 種 華 佛

256 나무법보부처님
南 無 法 寶 佛

257 나무강화남녀부처님
南 無 降 化 男 女 佛

258 나무최향덕부처님
南 無 最 香 德 佛

259 나무보상왕부처님
南 無 寶 上 王 佛

260 나무수미산향왕부처님
南 無 須 彌 山 香 王 佛

261 나무가희중생각견부처님
南無可喜衆生覺見佛

262 나무무상음성부처님
南無無想音聲佛

263 나무대인부처님
南無大人佛

264 나무음성무굴애부처님
南無音聲無屈礙佛

265 나무일보무우부처님
南無一寶無憂佛

266 나무무동용부처님
南無無動勇佛

267 나무종성부처님
南無種姓佛

268 나무관제욕기부처님
南無觀諸欲起佛

269 나무정숙부처님
南無淨宿佛

270 나무현득부처님
南無現得佛

271 나무허공장엄부처님
南 無 虛 空 莊 嚴 佛

272 나무괴중의부처님
南 無 壞 衆 疑 佛

273 나무불공견부처님
南 無 不 空 見 佛

274 나무선교량부처님
南 無 善 橋 梁 佛

275 나무광공덕부처님
南 無 廣 功 德 佛

276 나무무량당부처님
南 無 無 量 幢 佛

277 나무청량부처님
南 無 淸 凉 佛

278 나무광라망부처님
南 無 光 羅 網 佛

279 나무변지부처님
南 無 遍 知 佛

280 나무무량덕성부처님
南 無 無 量 德 姓 佛

281 나무어제법무소착부처님
南無於諸法無所著佛

282 나무보견일체법부처님
南無普見一切法佛

283 나무어일체중생서개무탈부처님
南無於一切衆生誓鎧無脫佛

284 나무유무량덕부처님
南無有無量德佛

285 나무혜상광부처님
南無慧上光佛

286 나무불가수견부처님
南無不可數見佛

287 나무방상부처님
南無方上佛

288 나무유화덕부처님
南無有華德佛

289 나무법광자비월부처님
南無法光慈悲月佛

290 나무해주지승지혜분신부처님
南無海住持勝智慧奮迅佛

291 나무청정광명보부처님
南無清淨光明寶佛

292 나무리복내해혜왕부처님
南無離服內解慧王佛

293 나무괴제욕부처님
南無壞諸欲佛

294 나무행청정부처님
南無行清淨佛

295 나무무량보화광명부처님
南無無量寶華光明佛

296 나무상멸도부처님
南無常滅度佛

297 나무견일체법부처님
南無見一切法佛

298 나무불타락부처님
南無不墮落佛

299 나무전단청량실부처님
南無栴檀清凉室佛

300 나무법용부처님
南無法用佛

301 나무무량혜칭부처님
南 無 無 量 慧 稱 佛

302 나무청량실부처님
南 無 淸 凉 室 佛

303 나무무비각화부부처님
南 無 無 比 覺 華 剖 佛

304 나무선주수왕부처님
南 無 善 住 樹 王 佛

305 나무월광중상부처님
南 無 月 光 中 上 佛

306 나무염부광명부처님
南 無 閻 浮 光 明 佛

307 나무수미산신부처님
南 無 須 彌 山 身 佛

308 나무천향부처님
南 無 千 香 佛

309 나무명호흥현부처님
南 無 名 號 興 顯 佛

310 나무명칭우부처님
南 無 名 稱 友 佛

311 나무명칭최존부처님
南 無 名 稱 最 尊 佛

312 나무제우부처님
南 無 除 憂 佛

313 나무연화상덕왕부처님
南 無 蓮 華 上 德 王 佛

314 나무천화당부처님
南 無 闡 華 幢 佛

315 나무보방향화부처님
南 無 普 放 香 化 佛

316 나무최안부처님
南 無 最 眼 佛

317 나무방염부처님
南 無 放 焰 佛

318 나무원방칭부처님
南 無 遠 方 稱 佛

319 나무항복일체세간원부처님
南 無 降 伏 一 切 世 間 怨 佛

320 나무법허공승왕부처님
南 無 法 虛 空 勝 王 佛

321 나무화염부처님
南無火焰佛

322 나무삼계웅용부처님
南無三界雄勇佛

323 나무광륜부처님
南無光輪佛

324 나무허공웅교부처님
南無虛空雄巧佛

325 나무궁진웅부처님
南無窮盡雄佛

326 나무천고음성부처님
南無天鼓音聲佛

327 나무보웅부처님
南無普雄佛

328 나무일체중생애견부처님
南無一切衆生愛見佛

329 나무무외륜강계상부처님
南無無畏輪彊界上佛

330 나무선주왕부처님
南無善住王佛

331 나무 중덕취 부처님
南無 衆德聚 佛

332 나무 제각강계응식 부처님
南無 諸覺彊界應飾 佛

333 나무 각보덕칭 부처님
南無 覺寶德稱 佛

334 나무 혜상덕 부처님
南無 慧上德 佛

335 나무 혜광왕중상명 부처님
南無 慧光王中上明 佛

336 나무 연화중출현 부처님
南無 蓮華中出現 佛

337 나무 보법웅 부처님
南無 普法雄 佛

338 나무 월반광 부처님
南無 月半光 佛

339 나무 만족백천덕광당 부처님
南無 滿足百千德光幢 佛

340 나무 대여의륜 부처님
南無 大如意輪 佛

341 나무연화중현덕부처님
南無蓮華中現德佛

342 나무집거부처님
南無執炬佛

343 나무보상덕부처님
南無寶上德佛

344 나무전단청량덕부처님
南無栴檀清凉德佛

345 나무보엄혜중상부처님
南無寶嚴慧中上佛

346 나무덕존부처님
南無德尊佛

347 나무불이륜부처님
南無不二輪佛

348 나무무량덕해부처님
南無無量德海佛

349 나무중취부처님
南無眾聚佛

350 나무일체덕취부처님
南無一切德聚佛

351 나무연화응덕부처님
南無蓮華應德佛

352 나무극상중왕부처님
南無極上中王佛

353 나무법조광부처님
南無法照光佛

354 나무무량산왕부처님
南無無量山王佛

355 나무허공륜상부처님
南無虛空輪上佛

356 나무선주청정공덕보부처님
南無善住淸淨功德寶佛

357 나무선주정경계부처님
南無善住淨境界佛

358 나무잡보색화부처님
南無雜寶色華佛

359 나무최취부처님
南無最聚佛

360 나무불사홍서개부처님
南無不捨弘誓鎧佛

361 나무금화부처님
南無金華佛

362 나무잡색화부처님
南無雜色華佛

363 나무필경장엄무변공덕왕부처님
南無畢竟莊嚴無邊功德王佛

364 나무월륜청정부처님
南無月輪清淨佛

365 나무종연화출현부처님
南無從蓮華出現佛

366 나무화개부처님
南無華蓋佛

367 나무피혜개부처님
南無被慧鎧佛

368 나무칭력왕부처님
南無稱力王佛

369 나무정음성부처님
南無淨音聲佛

370 나무구소마국토부처님
南無俱蘇摩國土佛

371 나무무량취회부처님
南無無量聚會佛

372 나무일체승부처님
南無一切勝佛

373 나무정진선부처님
南無精進僊佛

374 나무산중보부처님
南無散衆步佛

375 나무괴의부처님
南無壞疑佛

376 나무무상성부처님
南無無想聲佛

377 나무무량덕구족부처님
南無無量德具足佛

378 나무유중덕부처님
南無有衆德佛

379 나무연화상덕부처님
南無蓮華上德佛

380 나무보존부처님
南無寶尊佛

381 나무어거래금무애개부처님
南 無 於 去 來 今 無 礙 鎧 佛

382 나무희신부처님
南 無 喜 身 佛

383 나무보산왕부처님
南 無 寶 山 王 佛

384 나무일개중상부처님
南 無 日 鎧 中 上 佛

385 나무거등부처님
南 無 炬 燈 佛

386 나무무비광부처님
南 無 無 比 光 佛

387 나무선생부처님
南 無 善 生 佛

388 나무장양부처님
南 無 長 養 佛

389 나무무량안부처님
南 無 無 量 眼 佛

390 나무지강부처님
南 無 祉 江 佛

391 나무제원방개부처님
南無諸遠方鎧佛

392 나무각화유덕부부처님
南無覺華有德剖佛

393 나무보화위요부처님
南無寶火圍繞佛

394 나무혜국토부처님
南無慧國土佛

395 나무적정부처님
南無寂靜佛

396 나무이관부처님
南無異觀佛

397 나무현약왕부처님
南無賢藥王佛

398 나무개오보리지광부처님
南無開悟菩提智光佛

399 나무희위덕부처님
南無喜威德佛

400 나무파두타지혜분신부처님
南無波頭陀智慧奮迅佛

401 나무선중상덕부처님
南無善中上德佛

402 나무웅맹부처님
南無雄猛佛

403 나무향존당부처님
南無香尊幢佛

404 나무향최덕부처님
南無香最德佛

405 나무향당부처님
南無香幢佛

406 나무선색장부처님
南無善色藏佛

407 나무무량정진부처님
南無無量精進佛

408 나무과시방광부처님
南無過十方光佛

409 나무각화부상부처님
南無覺華剖上佛

410 나무무량웅맹부처님
南無無量雄猛佛

411 나무연화공외과상부처님
南 無 蓮 華 恐 畏 過 上 佛

412 나무보라망부처님
南 無 寶 羅 網 佛

413 나무선주중왕부처님
南 無 善 住 中 王 佛

414 나무향중존왕부처님
南 無 香 中 尊 王 佛

415 나무치제안락부처님
南 無 致 諸 安 樂 佛

416 나무일체취관부처님
南 無 一 切 聚 觀 佛

417 나무부당기명칭부처님
南 無 不 唐 棄 名 稱 佛

418 나무괴산제공외부처님
南 無 壞 散 諸 恐 畏 佛

419 나무능해박부처님
南 無 能 解 縛 佛

420 나무위덕인타라부처님
南 無 威 德 因 陀 羅 佛

421 나무위제중생치부처님
南無爲諸衆生致佛

422 나무허공무제부처님
南無虛空無際佛

423 나무주청정부처님
南無住清淨佛

424 나무허공당부처님
南無虛空幢佛

425 나무존선중덕부처님
南無尊善中德佛

426 나무재무공외화덕부처님
南無在無恐畏華德佛

427 나무무량웅맹형법부처님
南無無量雄猛形法佛

428 나무득세간공덕부처님
南無得世間功德佛

429 나무대거승부처님
南無大車乘佛

430 나무극최덕상부처님
南無極最德上佛

431 나무막능승당부처님
南無莫能勝幢佛

432 나무리일체진한의부처님
南無離一切瞋恨意佛

433 나무취향당주부처님
南無趣向當住佛

434 나무무량최향부처님
南無無量最香佛

435 나무월륜칭왕부처님
南無月輪稱王佛

436 나무존수미산부처님
南無尊須彌山佛

437 나무주지다공덕통법부처님
南無住持多功德通法佛

438 나무승적부처님
南無勝積佛

439 나무심보리화승부처님
南無心菩提華勝佛

440 나무주무량집덕부처님
南無住無量集德佛

441 나무위신왕부처님
南無威神王佛

442 나무선사원자조부처님
南無善思願自調佛

443 나무정륜왕부처님
南無淨輪王佛

444 나무혜상부처님
南無慧上佛

445 나무혜엄부처님
南無慧嚴佛

446 나무조성원방부처님
南無造成遠方佛

447 나무회중존부처님
南無會中尊佛

448 나무결단부처님
南無決斷佛

449 나무화만색왕부처님
南無華鬘色王佛

450 나무혜은부처님
南無慧隱佛

451 나무극취상덕부처님
南無極趣上德佛

452 나무무량보부처님
南無無量寶佛

453 나무중생의욕소취용의시지부처님
南無衆生意欲所趣勇意視之佛

454 나무무량보왕부처님
南無無量寶王佛

455 나무어일체제애중웅부처님
南無於一切諸愛中雄佛

456 나무광무애부처님
南無光無礙佛

457 나무무애광명부처님
南無無礙光明佛

458 나무보연화부상덕부처님
南無寶蓮華剖上德佛

459 나무호견부처님
南無好堅佛

460 나무일체소취중각리견제각신부처님
南無一切所趣中覺離見諸覺身佛

461 나무과화음성부처님
南無過化音聲佛

462 나무연화존재제보덕부처님
南無蓮華尊在諸寶德佛

463 나무해수미왕덕부처님
南無海須彌王德佛

464 나무무추혜부처님
南無無麤慧佛

465 나무재혜화부처님
南無在慧華佛

466 나무극취상위신취부처님
南無極趣上威神聚佛

467 나무적정부처님
南無寂定佛

468 나무리웅부처님
南無離雄佛

469 나무사일체보부처님
南無捨一切步佛

470 나무덕불가사의부처님
南無德不可思議佛

471 나무재어유희덕부처님
南無在於遊戲德佛

472 나무취무외덕부처님
南無趣無畏德佛

473 나무향취무량향광부처님
南無香趣無量香光佛

474 나무운고음부처님
南無雲鼓音佛

475 나무재복덕부처님
南無在福德佛

476 나무무량용웅맹부처님
南無無量勇雄猛佛

477 나무수월광명부처님
南無水月光明佛

478 나무최향수미신부처님
南無最香須彌身佛

479 나무파무명암부처님
南無破無明闇佛

480 나무광보견부처님
南無光普見佛

481 나무공외부처님
南無恐畏佛

482 나무자지도부처님
南無自至到佛

483 나무실제칭부처님
南無實諦稱佛

484 나무성등부처님
南無星燈佛

485 나무성숙부처님
南無成熟佛

486 나무극취상부처님
南無極趣上佛

487 나무존회부처님
南無尊會佛

488 나무금강견부처님
南無金剛肩佛

489 나무혜중자재왕부처님
南無慧中自在王佛

490 나무혜력칭부처님
南無慧力稱佛

491 나무최안부처님
南無最安佛

492 나무덕신왕덕부처님
南無德身王德佛

493 나무선사유발행부처님
南無善思惟發行佛

494 나무세간자재부처님
南無世間自在佛

495 나무광명장엄부처님
南無光明莊嚴佛

496 나무허공수미부처님
南無虛空須彌佛

497 나무십력왕부처님
南無十力王佛

498 나무허공평등심부처님
南無虛空平等心佛

499 나무시풍덕부처님
南無施豊德佛

500 나무화염적부처님
南無火炎積佛

501 나무보화보조승부처님
南 無 寶 華 普 照 勝 佛

502 나무현최덕부처님
南 無 賢 最 德 佛

503 나무보륜광명승덕부처님
南 無 寶 輪 光 明 勝 德 佛

504 나무보화부처님
南 無 寶 華 佛

505 나무종연화부처님
南 無 從 蓮 華 佛

506 나무보명관칭부처님
南 無 普 明 觀 稱 佛

507 나무수미의부처님
南 無 須 彌 意 佛

508 나무존사부처님
南 無 尊 思 佛

509 나무보개부처님
南 無 寶 蓋 佛

510 나무선청정광부처님
南 無 善 清 淨 光 佛

511 나무무량웅부처님
南無無量雄佛

512 나무명칭부당부처님
南無名稱不唐佛

513 나무덕불가사의왕광부처님
南無德不可思議王光佛

514 나무안왕부처님
南無鴈王佛

515 나무안은왕부처님
南無安隱王佛

516 나무연화중상덕부처님
南無蓮華中上德佛

517 나무상자기각오부처님
南無常自起覺悟佛

518 나무부리일체중문부처님
南無不離一切衆門佛

519 나무무상수행부처님
南無無相修行佛

520 나무구선부처님
南無求善佛

521 나무정진력성취부처님
南 無 精 進 力 成 就 佛

522 나무공덕다보해왕부처님
南 無 功 德 多 寶 海 王 佛

523 나무조일체처부처님
南 無 照 一 切 處 佛

524 나무색성웅부처님
南 無 色 聲 雄 佛

525 나무무량허공웅부처님
南 無 無 量 虛 空 雄 佛

526 나무견실부처님
南 無 見 實 佛

527 나무초경계부처님
南 無 超 境 界 佛

528 나무허공존극상덕부처님
南 無 虛 空 尊 極 上 德 佛

529 나무성방토부처님
南 無 成 方 土 佛

530 나무극취상수미부처님
南 無 極 趣 上 須 彌 佛

531 나무음감로부처님
南無飲甘露佛

532 나무호세간공양부처님
南無護世間供養佛

533 나무선호제문부처님
南無善護諸門佛

534 나무화당부처님
南無火幢佛

535 나무선무구위광부처님
南無善無垢威光佛

536 나무불가동부처님
南無不可動佛

537 나무력칭왕부처님
南無力稱王佛

538 나무덕광왕부처님
南無德光王佛

539 나무혜광왕부처님
南無慧光王佛

540 나무연화상유덕부처님
南無蓮華上有德佛

541 나무보화부처님
南無寶火佛

542 나무유연화덕부처님
南無維蓮華德佛

543 나무괴산중의부처님
南無壞散衆疑佛

544 나무구류진부처님
南無拘留秦佛

545 나무구족일체공덕장엄부처님
南無具足一切功德莊嚴佛

546 나무당왕부처님
南無幢王佛

547 나무종연화덕부처님
南無從蓮華德佛

548 나무범성안은중생부처님
南無梵聲安隱衆生佛

549 나무자씨부처님
南無慈氏佛

550 나무연화광명부처님
南無蓮華光明佛

551 나무존왕법당부처님
南 無 尊 王 法 幢 佛

552 나무무량용부처님
南 無 無 量 勇 佛

553 나무해수미부처님
南 無 海 須 彌 佛

554 나무극지상부처님
南 無 極 志 上 佛

555 나무금지화부처님
南 無 金 枝 華 佛

556 나무부당관부처님
南 無 不 唐 觀 佛

557 나무언변음성무애부처님
南 無 言 辯 音 聲 無 礙 佛

558 나무무애덕칭광부처님
南 無 無 礙 德 稱 光 佛

559 나무무칭불산서개부처님
南 無 無 稱 不 散 誓 鎧 佛

560 나무묘정부처님
南 無 妙 頂 佛

561 나무불산심부처님
南 無 不 散 心 佛

562 나무상래부처님
南 無 常 來 佛

563 나무무구리도부처님
南 無 無 垢 離 度 佛

564 나무어삼세무애서개부처님
南 無 於 三 世 無 礙 誓 鎧 佛

565 나무무량화부처님
南 無 無 量 華 佛

566 나무성취관부처님
南 無 成 就 觀 佛

567 나무평등수미면부처님
南 無 平 等 須 彌 面 佛

568 나무청정공덕상부처님
南 無 淸 淨 功 德 相 佛

569 나무필경성취대비부처님
南 無 畢 竟 成 就 大 悲 佛

570 나무반야제부처님
南 無 般 若 齊 佛

571 나무개보부처님
南 無 蓋 寶 佛

572 나무만족의부처님
南 無 滿 足 意 佛

573 나무내외정부처님
南 無 內 外 淨 佛

574 나무선성부처님
南 無 善 星 佛

575 나무광륜장부처님
南 無 光 輪 場 佛

576 나무아숙가부처님
南 無 阿 叔 迦 佛

577 나무극상덕부처님
南 無 極 上 德 佛

578 나무무애웅부처님
南 無 無 礙 雄 佛

579 나무무량웅용부처님
南 無 無 量 雄 勇 佛

580 나무언음무애부처님
南 無 言 音 無 礙 佛

· 270 ·

581 나무대운광부처님
南 無 大 雲 光 佛

582 나무라망광취부처님
南 無 羅 網 光 聚 佛

583 나무각화부부처님
南 無 覺 華 剖 佛

584 나무연화웅부처님
南 無 蓮 華 雄 佛

585 나무화산왕부처님
南 無 華 山 王 佛

586 나무월취자재부처님
南 無 月 聚 自 在 佛

587 나무적제근부처님
南 無 寂 諸 根 佛

588 나무무장무애정진견부처님
南 無 無 障 無 礙 精 進 堅 佛

589 나무리무우관부처님
南 無 離 無 愚 觀 佛

590 나무정상극출왕부처님
南 無 頂 上 極 出 王 佛

591 나무연화정상왕부처님
南無蓮華頂上王佛

592 나무무우칭부처님
南無無愚稱佛

593 나무부당용부처님
南無不唐勇佛

594 나무무당웅부처님
南無無唐雄佛

595 나무무우광명부처님
南無無愚光明佛

596 나무국토장엄신부처님
南無國土莊嚴身佛

597 나무사바화왕부처님
南無娑婆華王佛

598 나무무념각법왕부처님
南無無念覺法王佛

599 나무정각연화보부처님
南無正覺蓮華步佛

600 나무미류등왕부처님
南無彌留燈王佛

601 나무선사개부처님
南無禪思蓋佛

602 나무지근본화왕부처님
南無智根本華王佛

603 나무전단실부처님
南無栴檀室佛

604 나무화칭부처님
南無化稱佛

605 나무일체무진장부처님
南無一切無盡藏佛

606 나무선사수미부처님
南無禪思須彌佛

607 나무무변각해장부처님
南無無邊覺海藏佛

608 나무무구제부처님
南無無垢際佛

609 나무유중보부처님
南無有衆寶佛

610 나무자성청정지부처님
南無自性淸淨智佛

611 나무약왕성왕부처님
南無藥王聲王佛

612 나무일체덕부처님
南無一切德佛

613 나무각부화중덕부처님
南無覺剖華中德佛

614 나무묘고성왕부처님
南無妙鼓聲王佛

615 나무비니칭부처님
南無毘尼稱佛

616 나무무과덕부처님
南無無過德佛

617 나무보통부처님
南無寶通佛

618 나무무량서개부처님
南無無量誓鎧佛

619 나무무량선덕부처님
南無無量禪德佛

620 나무허공륜장광부처님
南無虛空輪場光佛

621 나무무표식음성부처님
南 無 無 表 識 音 聲 佛

622 나무각왕부처님
南 無 覺 王 佛

623 나무연법정료부처님
南 無 然 法 庭 燎 佛

624 나무관의화출부처님
南 無 觀 意 華 出 佛

625 나무허공실부처님
南 無 虛 空 室 佛

626 나무허공성부처님
南 無 虛 空 聲 佛

627 나무재허공선사부처님
南 無 在 虛 空 禪 師 佛

628 나무대안부처님
南 無 大 眼 佛

629 나무재존덕부처님
南 無 在 尊 德 佛

630 나무각연화덕부처님
南 無 覺 蓮 華 德 佛

631 나무범성왕부처님
南 無 梵 聲 王 佛

632 나무성취의부처님
南 無 成 就 義 佛

633 나무사자호부처님
南 無 師 子 護 佛

634 나무사자협이부처님
南 無 師 子 頰 頤 佛

635 나무선중왕부처님
南 無 善 中 王 佛

636 나무정수미부처님
南 無 靜 須 彌 佛

637 나무정안부처님
南 無 靜 眼 佛

638 나무무과용보부처님
南 無 無 過 勇 步 佛

639 나무불가사의법신부처님
南 無 不 可 思 議 法 身 佛

640 나무불산부처님
南 無 不 散 佛

641 나무향수미부처님
南 無 香 須 彌 佛

642 나무대지진성부처님
南 無 大 智 眞 聲 佛

643 나무향암부처님
南 無 香 嚴 佛

644 나무능여법부처님
南 無 能 與 法 佛

645 나무보수미부처님
南 無 寶 須 彌 佛

646 나무대향행광명부처님
南 無 大 香 行 光 明 佛

647 나무약수승부처님
南 無 藥 樹 勝 佛

648 나무정수미부처님
南 無 淨 須 彌 佛

649 나무산화장엄광명부처님
南 無 散 華 莊 嚴 光 明 佛

650 나무득도부처님
南 無 得 度 佛

651 나무운성왕부처님
南無雲聲王佛

652 나무무과정진부처님
南無無過精進佛

653 나무선사유서개부처님
南無善思惟誓鎧佛

654 나무부동월부처님
南無不動月佛

655 나무어제중중존부처님
南無於諸衆中尊佛

656 나무제존중왕부처님
南無諸尊中王佛

657 나무무량국토중왕부처님
南無無量國土中王佛

658 나무정진상중왕부처님
南無精進上中王佛

659 나무사리의부처님
南無捨離疑佛

660 나무선성중왕부처님
南無善星中王佛

661 나무공덕보승부처님
南無功德寶勝佛

662 나무조화부처님
南無造化佛

663 나무보현전부처님
南無普現前佛

664 나무요설장엄부처님
南無樂說莊嚴佛

665 나무각성취부처님
南無各成就佛

666 나무금개부처님
南無帛蓋佛

667 나무향개부처님
南無香蓋佛

668 나무성일부처님
南無性日佛

669 나무불겁약리경포부처님
南無不怯弱離驚怖佛

670 나무전단덕부처님
南無栴檀德佛

671 나무의성취부처님
南無義成就佛

672 나무무구희부처님
南無無垢喜佛

673 나무후견고부처님
南無厚堅固佛

674 나무세간구부처님
南無世間求佛

675 나무승보행부처님
南無勝步行佛

676 나무무외리의모수부처님
南無無畏離衣毛豎佛

677 나무명위덕부처님
南無命威德佛

678 나무주지덕부처님
南無住智德佛

679 나무대광명장엄부처님
南無大光明莊嚴佛

680 나무전화녀서개부처님
南無轉化女誓鎧佛

681 나무진금산부처님
南無眞金山佛

682 나무심지부처님
南無深智佛

683 나무취향제각신부처님
南無趣向諸覺身佛

684 나무라망광중연기중왕부처님
南無羅網光中緣起中王佛

685 나무무량취관제각신부처님
南無無量趣觀諸覺身佛

686 나무성각부연화부처님
南無成覺剖蓮華佛

687 나무라망광부처님
南無羅網光佛

688 나무무량각화개부부처님
南無無量覺華開剖佛

689 나무보살리수부처님
南無寶薩梨樹佛

690 나무보주부처님
南無寶洲佛

691 나무즉발의전법륜부처님
南無 卽 發 意 轉 法 輪 佛

692 나무천광부처님
南無 千 光 佛

693 나무최후견부처님
南無 最 後 見 佛

694 나무승토부처님
南無 勝 土 佛

695 나무무량광용부처님
南無 無 量 光 勇 佛

696 나무무량변부처님
南無 無 量 辯 佛

697 나무성덕부처님
南無 聖 德 佛

698 나무보해부처님
南無 寶 海 佛

699 나무애힐혜부처님
南無 愛 黠 慧 佛

700 나무승수부처님
南無 勝 修 佛

701 나무신여의부처님
南 無 信 如 意 佛

702 나무금광명부처님
南 無 金 光 明 佛

703 나무금해부처님
南 無 金 海 佛

704 나무정진군부처님
南 無 精 進 軍 佛

705 나무무량경계부처님
南 無 無 量 境 界 佛

706 나무무결단원부처님
南 無 無 決 斷 願 佛

707 나무내조부처님
南 無 內 調 佛

708 나무조화무휴식부처님
南 無 調 化 無 休 息 佛

709 나무향풍부처님
南 無 香 風 佛

710 나무무취향서개부처님
南 無 無 趣 向 誓 鎧 佛

711 나무각허공덕부처님
南 無 覺 虛 空 德 佛

712 나무섭취중생의부처님
南 無 攝 取 衆 生 意 佛

713 나무성취서개부처님
南 無 成 就 誓 鎧 佛

714 나무다라니자재왕부처님
南 無 陀 羅 尼 自 在 王 佛

715 나무상정진부처님
南 無 常 精 進 佛

716 나무섭취광명부처님
南 無 攝 取 光 明 佛

717 나무필경지부처님
南 無 畢 竟 智 佛

718 나무선상선개부처님
南 無 善 相 善 鎧 佛

719 나무선언서개부처님
南 無 善 言 誓 鎧 佛

720 나무능사유인부처님
南 無 能 思 惟 忍 佛

721 나무광조부처님
南無光造佛

722 나무일장부처님
南無一藏佛

723 나무일종성부처님
南無一種姓佛

724 나무무량신부처님
南無無量身佛

725 나무대중상수부처님
南無大衆上首佛

726 나무심왕부처님
南無深王佛

727 나무지혜찬탄부처님
南無智慧讚歎佛

728 나무공덕량부처님
南無功德梁佛

729 나무무명칭부처님
南無無名稱佛

730 나무산제공포부처님
南無散諸恐怖佛

731 나무원리제의부처님
南無遠離諸疑佛

732 나무제공의모수부처님
南無除恐衣毛竪佛

733 나무복일체원부처님
南無伏一切怨佛

734 나무성취승무외부처님
南無成就勝無畏佛

735 나무선사유승의부처님
南無善思惟勝義佛

736 나무무량집지부처님
南無無量執持佛

737 나무무량음성부처님
南無無量音聲佛

738 나무광엄부처님
南無光嚴佛

739 나무광덕부처님
南無光德佛

740 나무리륜장후부처님
南無離輪場後佛

741 나무취보리부처님
南 無 趣 菩 提 佛

742 나무각화개부광부처님
南 無 覺 華 開 剖 光 佛

743 나무보보만족부처님
南 無 普 寶 滿 足 佛

744 나무섭수칭부처님
南 無 攝 受 稱 佛

745 나무결정색부처님
南 無 決 定 色 佛

746 나무보조시방세계부처님
南 無 普 照 十 方 世 界 佛

747 나무방편수부처님
南 無 方 便 修 佛

748 나무승보부처님
南 無 勝 報 佛

749 나무보화덕부처님
南 無 寶 華 德 佛

750 나무재제보부처님
南 無 在 諸 寶 佛

751 나무월화부처님
南無月華佛

752 나무일체군맹서개부처님
南無一切群萌誓鎧佛

753 나무전화일체견연부처님
南無轉化一切牽連佛

754 나무무량변재부처님
南無無量辯才佛

755 나무무쟁무공부처님
南無無諍無恐佛

756 나무도취중변부처님
南無都趣衆辨佛

757 나무보향광부처님
南無普香光佛

758 나무감수기성부처님
南無堪受器聲佛

759 나무수미향부처님
南無須彌香佛

760 나무대귀부처님
南無大貴佛

761 나무향웅부처님
南無香雄佛

762 나무대수행부처님
南無大修行佛

763 나무향실부처님
南無香室佛

764 나무사쟁부처님
南無捨諍佛

765 나무청정장엄부처님
南無清淨莊嚴佛

766 나무연화상왕부처님
南無蓮華上王佛

767 나무각웅부처님
南無覺雄佛

768 나무세간존중부처님
南無世間尊重佛

769 나무무량향웅부처님
南無無量香雄佛

770 나무극존부처님
南無極尊佛

771 나무문덕부처님
南無聞德佛

772 나무화개보부처님
南無華蓋寶佛

773 나무견고자재왕부처님
南無堅固自在王佛

774 나무파두마장엄부처님
南無波頭摩莊嚴佛

775 나무청정심부처님
南無清淨心佛

776 나무향화부처님
南無香華佛

777 나무수미왕부처님
南無須彌王佛

778 나무수제부처님
南無樹提佛

779 나무전화중상부처님
南無轉化衆相佛

780 나무과일체중생서개부처님
南無過一切衆生誓鎧佛

781 나무극지서개부처님
南無極遲誓鎧佛

782 나무일체보장엄색주지부처님
南無一切寶莊嚴色住持佛

783 나무무량향부처님
南無無量香佛

784 나무보개광부처님
南無普開光佛

785 나무보방향훈부처님
南無普放香熏佛

786 나무주지무장력부처님
南無住持無障力佛

787 나무재연화덕부처님
南無在蓮華德佛

788 나무최상천왕부처님
南無最上天王佛

789 나무일계지각찰부처님
南無一界持覺刹佛

790 나무선섭신부처님
南無善攝身佛

791 나무향훈부처님
南無香熏佛

792 나무무량혜웅부처님
南無無量慧雄佛

793 나무무량관부처님
南無無量觀佛

794 나무무아안부처님
南無無我眼佛

795 나무난동부처님
南無難動佛

796 나무초발의부처님
南無初發意佛

797 나무무용왕부처님
南無無勇王佛

798 나무무적보부처님
南無無跡步佛

799 나무제일체우부처님
南無除一切憂佛

800 나무리우부처님
南無離憂佛

801 나무여오락재덕부처님
南無如娛樂在德佛

802 나무안은왕덕부처님
南無安隱王德佛

803 나무존수미위향산부처님
南無尊須彌威香山佛

804 나무대종성부처님
南無大種姓佛

805 나무무구면부처님
南無無垢面佛

806 나무홍연화덕부처님
南無紅蓮華德佛

807 나무백연화위덕부처님
南無白蓮華威德佛

808 나무후안부처님
南無吼眼佛

809 나무선안중생부처님
南無善安衆生佛

810 나무무변제광부처님
南無無邊際光佛

811 나무현월광부처님
南無現月光佛

812 나무원방성칭부처님
南無遠方聲稱佛

813 나무월자재왕부처님
南無月自在王佛

814 나무수의광명부처님
南無隨意光明佛

815 나무향존수미부처님
南無香尊須彌佛

816 나무길상유덕부처님
南無吉祥有德佛

817 나무재월광유덕부처님
南無在月光有德佛

818 나무재무량안은덕부처님
南無在無量安隱德佛

819 나무일체이덕자재장엄부처님
南無一切以德自在莊嚴佛

820 나무보주지정료부처님
南無寶住持庭燎佛

821 나무막능승당번부처님
南無莫能勝幢幡佛

822 나무존은장광부처님
南無尊隱藏光佛

823 나무종위화왕부처님
南無從威華王佛

824 나무입재무변제부처님
南無入在無邊際佛

825 나무일체존부처님
南無一切尊佛

826 나무보극상부처님
南無普極上佛

827 나무해위부처님
南無海威佛

828 나무제보상덕부처님
南無諸寶上德佛

829 나무정천덕부처님
南無靜天德佛

830 나무무량향상부처님
南無無量香象佛

831 나무능항복방일부처님
南無能降伏妨逸佛

832 나무조등명부처님
南無造燈明佛

833 나무연화존광부처님
南無蓮華尊光佛

834 나무시안은부처님
南無施安隱佛

835 나무신심불겁약부처님
南無信心不怯弱佛

836 나무평등심명부처님
南無平等心明佛

837 나무문지부처님
南無聞智佛

838 나무대부분부처님
南無大部分佛

839 나무금면광부처님
南無金面光佛

840 나무보광위덕부처님
南無普光威德佛

841 나무선칭덕위제석위당광부처님
南無善稱德威帝釋威幢光佛

842 나무보덕광부처님
南無普德光佛

843 나무정진복원용부처님
南無精進伏怨勇佛

844 나무주지지력진법부처님
南無住持地力進法佛

845 나무무애약수위덕부처님
南無無礙藥樹威德佛

846 나무보연화주살리수왕부처님
南無寶蓮華住薩梨樹王佛

847 나무구덕부처님
南無求德佛

848 나무일륜장덕광부처님
南無日輪場德光佛

849 나무보연용부처님
南無寶蓮勇佛

850 나무일보개부처님
南無一寶蓋佛

851 나무주지묘무구위부처님
南無住持妙無垢位佛

852 나무호근부처님
南無護根佛

853 나무주선사용부처님
南無住禪思勇佛

854 나무보당위덕부처님
南無寶幢威德佛

855 나무주무량용부처님
南無住無量勇佛

856 나무호향존향훈부처님
南無好香尊香熏佛

857 나무사유존상덕부처님
南無思惟尊象德佛

858 나무연화존덕부처님
南無蓮華尊德佛

859 나무일륜장존상덕부처님
南無日輪場尊上德佛

860 나무흥성부처님
南無興成佛

861 나무해탈승부처님
南 無 解 脫 乘 佛

862 나무사유최용부처님
南 無 思 惟 最 勇 佛

863 나무보화보광위부처님
南 無 寶 華 普 光 威 佛

864 나무주무비용부처님
南 無 住 無 比 勇 佛

865 나무무량최중왕부처님
南 無 無 量 最 中 王 佛

866 나무화성취부처님
南 無 華 成 就 佛

867 나무자재전일체법부처님
南 無 自 在 轉 一 切 法 佛

868 나무보내부처님
南 無 寶 內 佛

869 나무보륜위극상덕부처님
南 無 寶 輪 威 極 上 德 佛

870 나무료의부처님
南 無 了 意 佛

871 나무승화집부처님
南無勝華集佛

872 나무사라위덕부처님
南無娑羅威德佛

873 나무리일체우암부처님
南無離一切憂暗佛

874 나무심용맹부처님
南無心勇猛佛

875 나무지위덕부처님
南無地威德佛

876 나무청철광부처님
南無清撤光佛

877 나무무구위덕부처님
南無無垢威德佛

878 나무리악도부처님
南無離惡道佛

879 나무연화상존부처님
南無蓮華上尊佛

880 나무무구유리부처님
南無無垢瑠璃佛

881 나무무구비부처님
南 無 無 垢 臂 佛

882 나무무구안부처님
南 無 無 垢 眼 佛

883 나무대염신부처님
南 無 大 焰 身 佛

884 나무허공륜정왕부처님
南 無 虛 空 輪 靜 王 佛

885 나무성음무표식부처님
南 無 聲 音 無 表 識 佛

886 나무금강저세부처님
南 無 金 剛 杵 勢 佛

887 나무파두마면부처님
南 無 波 頭 摩 面 佛

888 나무총지부처님
南 無 總 持 佛

889 나무보륜망부처님
南 無 寶 輪 網 佛

890 나무천제당부처님
南 無 天 宰 幢 佛

891 나무선취광연화부체부처님
南無善聚光蓮華剖體佛

892 나무무량명칭덕광부처님
南無無量名稱德光佛

893 나무염부등부처님
南無閻浮燈佛

894 나무수미암부처님
南無須彌嚴佛

895 나무혜등명부처님
南無慧燈明佛

896 나무광극명부처님
南無光極明佛

897 나무일위덕장엄장부처님
南無日威德莊嚴藏佛

898 나무색당번성왕부처님
南無色幢幡星王佛

899 나무부동광관자재무량명부처님
南無不動光觀自在無量命佛

900 나무위덕자재왕부처님
南無威德自在王佛

901 나무정각중왕부처님
南無正覺中王佛

902 나무존보부처님
南無尊寶佛

903 나무무변원부처님
南無無邊願佛

904 나무묘법부처님
南無妙法佛

905 나무보장륜상존왕부처님
南無寶場輪上尊王佛

906 나무첨파가색부처님
南無瞻婆伽色佛

907 나무무구혜부처님
南無無垢慧佛

908 나무신중생부처님
南無信衆生佛

909 나무재보부처님
南無在寶佛

910 나무방천위부처님
南無放天威佛

911 나무승위덕색부처님
南 無 勝 威 德 色 佛

912 나무시보광부처님
南 無 施 寶 光 佛

913 나무비자의부처님
南 無 悲 慈 意 佛

914 나무무쟁행부처님
南 無 無 諍 行 佛

915 나무연화엽안부처님
南 無 蓮 華 葉 眼 佛

916 나무득탈일체박부처님
南 無 得 脫 一 切 縛 佛

917 나무회안부처님
南 無 懷 眼 佛

918 나무집부식부처님
南 無 執 敷 飾 佛

919 나무허공의부처님
南 無 虛 空 意 佛

920 나무능여락부처님
南 無 能 與 樂 佛

921 나무환희왕부처님
南無歡喜王佛

922 나무대적부처님
南無大積佛

923 나무발기일체중생신부처님
南無發起一切衆生信佛

924 나무지대부처님
南無至大佛

925 나무시방칭명부처님
南無十方稱名佛

926 나무무대광부처님
南無無對光佛

927 나무룡존부처님
南無龍尊佛

928 나무쾌견부처님
南無快見佛

929 나무향상부처님
南無香上佛

930 나무대회부처님
南無大懷佛

931 나무불수타부처님
南無不隨他佛

932 나무대화부처님
南無大化佛

933 나무보회부처님
南無寶回佛

934 나무대거화부처님
南無大車華佛

935 나무미쾌덕부처님
南無美快德佛

936 나무관견일체경계부처님
南無觀見一切境界佛

937 나무제제석중왕부처님
南無諸宰釋中王佛

938 나무계미부처님
南無戒味佛

939 나무화위부처님
南無華威佛

940 나무보위부처님
南無普威佛

941 나무무량제위부처님
南無無量際威佛

942 나무능여안부처님
南無能與眼佛

943 나무향위부처님
南無香威佛

944 나무상당부처님
南無上幢佛

945 나무안은덕부처님
南無安隱德佛

946 나무금강변조시방부처님
南無金剛遍照十方佛

947 나무발일체중생부단수행부처님
南無發一切衆生不斷修行佛

948 나무현현부처님
南無顯現佛

949 나무보위부처님
南無寶威佛

950 나무재덕부처님
南無在德佛

951 나무평등작부처님
南無平等作佛

952 나무무비부처님
南無無比佛

953 나무보위덕부처님
南無普威德佛

954 나무불가량실체승부처님
南無不可量實體勝佛

955 나무화성공덕부처님
南無華成功德佛

956 나무견고중생부처님
南無堅固衆生佛

957 나무열음성부처님
南無悅音聲佛

958 나무시위부처님
南無施威佛

959 나무보월부처님
南無普月佛

960 나무비월부처님
南無臂月佛

961 나무존위부처님
南無尊威佛

962 나무부동심부처님
南無不動心佛

963 나무일체법무관부처님
南無一切法無觀佛

964 나무당번부처님
南無幢旛佛

965 나무구소마성부처님
南無俱蘇摩成佛

966 나무보풍음부처님
南無普豊音佛

967 나무향존부처님
南無香尊佛

968 나무승명부처님
南無勝命佛

969 나무능위주부처님
南無能爲主佛

970 나무당위부처님
南無幢威佛

971 나무취위부처님
南無聚威佛

972 나무일륜광명승부처님
南無日輪光明勝佛

973 나무유보부처님
南無喩寶佛

974 나무견정진사유성취의부처님
南無堅精進思惟成就義佛

975 나무가릉빈가성부처님
南無迦陵頻伽聲佛

976 나무대룡위부처님
南無大龍威佛

977 나무시방오락부처님
南無十方娛樂佛

978 나무선적성취부처님
南無善寂成就佛

979 나무칭일체중생염승공덕부처님
南無稱一切衆生念勝功德佛

980 나무천제석정당부처님
南無天帝釋淨幢佛

981 나무상상응어부처님
南無常相應語佛

982 나무전단잡향수부처님
南無栴檀雜香樹佛

983 나무유여수미산부처님
南無喩如須彌山佛

984 나무운중자재등명부처님
南無雲中自在燈明佛

985 나무운중자재왕부처님
南無雲中自在王佛

986 나무제세외각오부처님
南無除世畏覺悟佛

987 나무연화엽정부처님
南無蓮華葉淨佛

988 나무성왕화부처님
南無星王華佛

989 나무현지부동부처님
南無賢智不動佛

990 나무력사왕부처님
南無力士王佛

991 나무보대부처님
南無寶臺佛

992 나무상취사자암뢰난과상부처님
南無象鷲師子巖雷難過上佛

993 나무보선부처님
南無普禪佛

994 나무성만시방부처님
南無聲滿十方佛

995 나무공덕성취부처님
南無功德成就佛

996 나무파루나천부처님
南無波樓那天佛

997 나무시방상부처님
南無十方上佛

998 나무리구광부처님
南無離垢光佛

999 나무위엄부처님
南無威嚴佛

1000 나무수미상부처님
南無須彌相佛

※ 절을 마친 후 읽으십시오 ※

기도 회향 발원문

나무불, 나무법, 나무승
시방 법계에 두루 하신 삼천 부처님이시여!
　저에게 이렇듯 큰 가피를 내리시어 삼천배를 마치게 하시니 너무 감사할 따름입니다. 거듭 청하오니 더욱 착한 불자로 이끌어 주시고, 귀의하는 저의 마음에 자비의 광명으로 임하사 공덕의 등불이 되게 하소서.
　선망부모 조상님들 모두 극락으로 인도하시며, 저의 가족 언제나 건강하며 하는 일이 뜻과 같이 이루어 지게 하소서(※필요에 따라 가족의 축원을 구체적으로 하셔도 됩니다).
　오늘 이처럼 닦은 공부, 모든 이웃에게 두루 회향하오며 세세생생 보살도 닦기를 서원합니다. 시방에 두루 하신 부처님께 귀명정례합니다.

　나무서가모니불
　나무서가모니불
　나무시아본사서가모니불

기도회향문
(직접 기도 회향 발원문을 쓰시고 읽으시면 됩니다.)

삼천배 삼천부처님

1998년 4월 3일 초판 인쇄
2020년 12월 5일 삼판 1쇄

글　　　無一 우학 스님

펴낸곳　도서출판 좋은인연 (한국불교대학 부속출판사)
　　　　편집 / 김현미
　　　　등록 / 1994년 1월 20일 제 4-88호
　　　　주소 / 대구 남구 봉덕3동 1301-20
　　　　전화 / 053-475-3707, 6
　　　　홈페이지 / **한국불교대학**
　　　　다음카페 / **불교인드라망**

ISBN　978-89-86829-28-0{03220}
정가　12,000원

이 책은 저작권법의 보호를 받으므로, 본사의 사전 허가없이 복제 또는 내용 및 그림을 발췌하여 사용 할 수 없습니다.(저작권법 제 98조 권리의 불법침해 죄에 해당하는 행위는 3년 이하 또는 300만원 이하의 벌금을 책임지게 됩니다.)

잘못된 책은 구입하신 곳에서 교환해 드립니다.

ISBN 978-89-86829-28-0